허영환의

중국문화유산기행

Ⅲ

중국 문화유산 기행 · Ⅲ (화남 · 동북지방 편)

값 10,000원

초판 인쇄 / 2001년 6월 20일
초판 발행 / 2001년 6월 30일

지은이 / 허영환
펴낸이 / 최석로
펴낸곳 / 서문당
주소 / 서울시 마포구 성산동 54-18호
전화 / 322-4916~8
팩스 / 322-9154
창업일자 / 1968. 12. 24
등록일자 / 2001. 1. 10
등록번호 / 제10-2093

ISBN 89-7243-177-X 03920
잘못된 책은 바꾸어 드립니다.
「이 저서는 2001년도 성신여자대학교 학술연구조성비 지원에 의하여 연구되었음」

2001년

허영환의

중국문화유산기행

●

Ⅲ 화남·동북지방 편

3. 타이완(台灣)의 문화유산 175

부록 : 중국박물관 목록

중국문화유산기행 ● Ⅲ

뚱베이 싼 성(東北省)의 문화 유산

1

1
뚱베이싼성스
(東北3省史 : 동북삼성사)

중국에서는 중국의 동북쪽, 한국의 북쪽에 있는 3개 성(헤이룽지 앙성·黑龍江省, 지린성·吉林省, 랴오닝성·遼寧省)을 뚱베이(東北) 뚱베이싼성(東北3省) 뚱베이띠취(東北地區) 뚱베이띠팡(東北地方) 만조우(滿洲)라고 한다.

한국인에게는 만주로 잘 알려진 이곳은 본래 중국땅은 아니었다. 서한(전한)의 무제(재위 기원전 142-87)가 이곳과 한반도 북쪽에 한사군(漢4郡)을 설치(기원전 108)한 때부터 중국의 행정구역 안으로 들어갔다. 이곳에서 살던 민족은 퉁구스족 계통인 기마유목민족 (부여족·말갈족·숙신족·여진족 등으로 불렸다)이었고, 언어도 알타이어 계통(한국어도 마찬가지다)의 북방고아시아족의 말이었다. 물론 식생활과 종교생활도 농경민족인 한족과는 달랐다.

이곳의 여러 씨족·부족사회를 통일한 고구려(28대 705년)는 기원전 37년에 서울을 지안(集安)에 두고 대제국을 이뤘다. 즉 만주땅

동북삼성관광교통도 : 동북삼성(만주)의 관광은 흑룡강성 할빈에서 시작하여 장춘(길림성) 심양(요령성) 대련으로 내려오면서 하는 것이 좋다. 교통편은 비행기보다는 기차가 더 좋다.

할빈의 성소피아 성당 : 러시아 분위기가 짙은 할빈에는 동방정교회 성당이 많이 남아 있다. 이 성소피아 성당은 그 가운데 제일 큰 성당인데 지금은 할빈 건축예술관으로 사용하고 있다.

발해시대의 석등 : 고구려의 뒤를 이어 만주지역에 세운 발해국(14대 228년, 699~926)은 이와 같은 한국적인 불교 유물을 많이 남겼다. 높이 6m의 이 석등은 발해 진흥용사에 있다.

을 조선족이 지배하는 곳으로 만든 것이다. 고구려가 망한 후(668)
에는 이 땅에 다시 발해(14대 228년)를 세우고 10세기초(926)까지
고구려의 옛 땅을 지배했다. 그러나 발해가 망한 후부터는 만주땅
은 우리의 영토가 아니게 되었다. 이곳은 랴오(遼, 907-1125) 진
(金, 1115-1234) 위엔(元, 1206-1368) 밍(明, 1368-1644) 칭(清,
1616-1911) 만조우(滿洲, 1932-1945) 등이 다스렸다. 이들 나라 가
운데 청나라는 여진족이 세운 나라였는데 중국 본토인 중원으로 쳐
들어가 명나라를 멸망시키고 1637년부터는 뻬이징(北京)에서 전 중
국을 통치하기 시작하였다. 넓은 땅을 차지하고 한족을 지배했으나
만주족은 언어와 풍속 그리고 민족을 잃고 중국에 동화(同化)되고
말았다.

또한 이곳은 북진정책을 추진한 일본제국의 침략에 시달리게 되
었고, 남진정책을 실행한 제정러시아의 간섭도 받았다. 일본은 결
국 1931년 9월 18일 만철폭파사건을 조작한 후 본격적으로 만주경
략을 시작했다. 물론 일본은 청일전쟁(1894)과 노일전쟁(1904)을
승리로 끝낸 후 만주에 대한 기득권을 가지고 있었다. 또 일제는 청
나라의 마지막 황제였던 푸이(溥儀 · 부의)를 내세워 괴뢰정권인 만
주국(1932-1945)을 세우기도 하였다.

중화인민공화국은 1954년부터 이곳을 3개 성으로 나눠 통치하기
시작하였는데, 서쪽 일부는 내몽고자치구로 떼어냈고, 동쪽의 일부
(길림성 동쪽 두만강 유역)는 연변조선족자치주로 만들어 소수민족
의 자치를 허용하였다.

따라서 동북3성을 여행하면 기마유목민족의 문화유산을 많이 보

铁马冑 由护颊、面罩、护脣板
三部分组成。面罩顶部前倾、眈如冠
状。三部分均以铁锁相连、可以转动。
不用时还可以拼叠。是目前我国发现
的第一件完整的马冑实物。1988年朝
阳市十二台乡砖卜村前燕墓出土
Iron horse mask.

14

연나라 때 철제 말갑주: 전연(前燕, 349~370)시대 선비족이 만든 말갑주인데 3부분
으로 조립되어 있는 철제이다. 1988년 요령성 조양시의 전연시대 묘에서 발굴되었다.

조양북탑 : 동북제일탑이라고도 하는 요령성조양시 옛궁궐터에 있는 북탑은 3연(燕)시대 (349~436)에 쌓은 것으로 13층 전탑이다. 천왕상·보살상·비천상 등이 아름답다.

게 되고, 우리민족(고구려·발해 등)의 유물들을 박물관·미술관·유적지 등에서 확인하게 된다. 필자는 이 지역의 4개 도시(할빈·장춘·심양·대련)에 있는 문화유산 20여 곳을 보면서 옛 조상들의 위업에 머리를 숙이게 되었다. 또 이곳은 나라가 망한 후부터 조선 독립군의 항일투쟁장이 되었고, 1909년 10월에는 안중근 의사 (1879-1910)가 왜놈인 조선통감 이등박문(1841-1909)을 죽인(할빈 역에서) 의거의 무대이기도 하였다.

2
헤이룽지앙성뽀우꽌
(黑龍江省博物館 : 흑룡강성박물관)

2000년 12월 26일 아침 서울을 떠날 때의 기온은 섭씨 영하 9도였다. 아시아나항공의 할빈행 비행기를 타고 2시간 30분간 날아가 하얼빈지창(할빈공항)에 착륙했을 때의 기온은 영하 32도였다. 27일 밤 쑹화지앙(松花江)에서 열리고 있는 얼음축제(哈爾濱氷雪大世界)를 구경 갔을 때는 바람이 세차서 체감온도는 영하 50도를 밑돌았다. 할빈에서 제일 추울 때는 영하 45도까지 수은주가 내려가고, 1월 평균기온은 영하 20도라 했다. 더울 때는 35도까지 올라가 무척 덥고, 7월 평균기온은 22도라 했다. 그러니까 제일 추울 때와 더울 때의 온도차는 80도나 된다. 그만큼 살기 힘든 곳이라 하겠다. 그러나 할빈은 「동방의 작은 파리」라고 불릴 만큼 다양한 문화유적이 많고 명승이 많은 아름다운 도시다.

할빈에는 유교의 공자묘(文廟, 현재는 흑룡강성민족박물관), 불교의 극락사, 동방정교회의 소피아성당(할빈에는 러시아 동방정교회

흑룡강대학 앞에서의 필자 : 20세기에 러시아·중국·북한 등지에 세워진 고층 콘크리트건물의 겉모습은 비슷하다. 이 할빈에 있는 흑룡강대학 본부 건물도 그렇다. 낮기온이 영하 20도 정도인 날씨에도 기념사진을 찍었다.

의 성당이 18개나 남아 있다), 가톨릭성당과 개신교의 교회당 등이 있어 중국의 다른 도시와는 다른 분위기였다. 이들 종교건물은 20세기에 세운 것인데 문묘(1926) 극락사(1924) 소피아성당(1932) 등이 다 그렇다. 그러나 모두 전통양식으로 세웠기 때문에 고유미를 자랑하고 있었다.

흑룡강성의 성도(省都)인 할빈에는 10개의 박물관·기념관·진열관 등이 있는데(중국 박물관목록 참고) 그 가운데 흑룡강성박물관을 소개하면 다음과 같다.

종합박물관인 흑룡강성박물관(소장품은 10만여 점)은 1923년 중

THE HEILONGJIANG PROVINCIAL MUSEUM

흑룡강성박물관 입장권 : 러시아의 동방정교회 건축양식으로 세운 흑룡강성 박물관 (1906년)은 흑룡강성 일대에서 활약한 기마유목민족이 남긴 유물과 동물 표본을 진열하고 있다.

국의 지방관원과 러시아인이 함께 조직한 만주문화연구회가 설립했는데 명칭이 여러 차례 바뀌었다. 즉 동성특별구문물연구회박물관(1929) 대륙과학원할빈분원박물관(1937) 할빈지방지박물관(1945) 할빈공업대학상설운수경제진열관(1946) 송강성과학박물관(1953) 흑룡강성박물관(1954) 등으로 바뀌었다. 그러나 위치는 처음부터 지금의 위치(홍군가 50호)였고, 건물도 1906년 러시아 건축양식으로 지은 2층 건물이다. 1982년에 소장품 창고와 사무실을 증축했을 뿐이다.

 흑룡강성박물관은 전시실을 크게 4개 분야(흑룡강역사문물진

발해시대의 꽃무늬 전돌 : 발해시대(699~926) 절터에서 발굴된 이 화문전(花紋塼)은 백제시대(기원전 18~기원후 660) 부여지역에서 만든 화문전과 비슷하다. 불교유물이다.

열·고동물진열·동물진열·등산목서각예술진열)로 나눴고, 고동 물진열은 다시 고생물의 기본지식, 흑룡강중생대의 공룡, 흑룡강 성의 제4기 포유동물 등 3개 부분으로 나눴다. 그러니까 들어가 보 면 마치 동물박물관 같은 인상을 받는다.

흑룡강역사문물진열실은 1천2백㎡인데 흑룡강의 구석기·신석 기·청동기시대 유물, 철기시대·발해·요·금·원·명·청시대

구리(銅)로 만든 용 : 높이가 20㎝인 이 좌룡(坐龍)은 금나라(1115~1234) 때 서울(上京)
옛성 안에서 발굴된 것인데 화문전과 함께 흑룡강성 박물관 소장품이다.

유물, 전세품 등 1천6백여 점이 전시되어 있다. 출토품과 전세품이 고루 전시되어 있어서 북만지역의 역사와 문화를 잘 이해할 수 있다.

고동물진열실은 4백50㎡인데 흑룡강중생대의 공룡·제4기고동물·고생물의 기본지식으로 나눠져 있다. 화석과 표본이 2백여 점이나 된다. 아주 옛날 송화강에서 살던 사나운 코끼리도 있다.

동물진열실은 7백50㎡이다. 무척추동물 등 3개 부분으로 나눠 전시했다. 호랑이·토끼·표범·사슴·곰·단학 등 북만주지역에서 사는 짐승들이다.

물론 이 흑룡강성박물관은 그 동안 다른 박물관 소장품전도 자주 열어 할빈시민과 흑룡강성주민들에게 문화서비스도 했다. 즉 청대 복식전·호남장사마왕퇴출토문물전·진시황병마용전 등이었다. 그리고 이 흑룡강성박물관에서는 그 동안 많은 간행물(전람회도록·연구보고서·학술지 등)을 발간하기도 했다. 필자가 찾아간 날은 몹시 추운 날이어서인지 관람객도 거의 없었고 전시실을 닫아둔 곳도 있었고, 1층은 여러 상점으로 나눠 분양하기도 했었다.

메모

주소 : 할빈시 남강구 홍군가 50호
전화 : 0451-3644151
우편번호 : 150001
입장료 : 12원
휴관 : 월요일

흑룡강 공룡과 코끼리 : 중생대시대 흑룡강 일대에서 살던 공룡과 코끼리의 화석이다.
지금은 춥지만 그때는 날씨도 따뜻하고 먹을 것도 많아서 이렇게 큰 짐승이 살았다.

3
지린성뽀우꽌
(吉林省博物館 : 길림성박물관)

필자의 첫번째 동북지방 여행(도시간 이동)은 기차로만 했다. 춥고 눈이 많이 와서 항공편을 이용하기가 힘들었다. 또 무엇보다 중국에서의 기차여행은 시간 잘 지키고, 요금 싸고, 편하고, 빨라서 매우 좋다고 할 수 있다. 특급열차를 이용하면 평균시속 1백20km 정도로 달리니까 할빈에서 장춘(240km), 장춘에서 심양(300km), 심양에서 대련(400km)까지 2-3시간이면 갈 수 있다.

러시아 분위기가 아직도 남아 있는 할빈을 떠나 장춘에 도착하니까 이곳은 일본제국의 잔영이 많이 남아 있었다. 실제로 일제시대의 이름은 신경(新京)이었고 만주국의 수도였기 때문에 당시의 건물이 많이 눈에 띄었다. 해방 후(1949) 길림성의 성도가 되었고 개혁개방 후(1980)부터는 빠르게 발전하고 있었지만 곳곳에 그런 흔적이 있었다.

길림성박물관도 그랬다. 길림성박물관이라는 곳(동덕전이 있는

길림성박물관 입장권 : 20원짜리 입장권을 2번 사야 하는 길림성 박물관은 동덕전이 있는 곳과 근민루가 있는 곳으로 나눠져 있다. 유물도 각각 특색이 있어 재미있다.

곳)과 위만부의제궁(僞滿溥儀帝宮·근민루가 있는 곳)이라는 간판이 있는 곳 등(또 길림성자연박물관도 있다)으로 구성되어 있다. 즉 길림성박물관 쪽은 고고미술품을 전시한 곳이고, 위만부의제궁은 만주국 황제 부의가 거처하던 곳이다. 이곳 이름은 3가지(僞滿溥儀帝宮·僞滿溥儀博物館·僞皇宮陳列館)나 되어 혼란스럽다.

길림성박물관에는 동북지방을 무대로 살았던 많은 유목민족(부여족·숙신족·예족·맥족· 말갈족·여진족·동호족·파루족·옥저족·선비족·고구려족·글안족·몽골족·만주족 등) 들의 역사와 유물을 전시하였다. 길림성박물관은 1952년에 설립되었지만 역사예술박물관이 된 것은 1987년부터였다. 건물은 동덕전·희락전·어화원을 사용하고 있다. 소장품은 5만여 점이다.

위만부의제궁은 1964년에 설립되었으나 곧이어 일어난 문화대혁명으로 10여 년간 문을 닫았다가 1982년부터 다시 개관하였다. 이

위만황궁의 근민루 : 만주의 일제시대
(1932~1945) 건물이어서 서양식과 일본식
건축양식이 혼합된 건물이다. 시설과 진열
유물은 옛것을 그대로 잘 유지하고 있다.

곳은 청나라 마지막 황제(3세 때 즉위한) 부의(1906-1967)가 가짜
만주국 황제가 되어 이곳에 와서(1932년 · 26세) 13년간 살던(1945
년 8월까지) 황궁을 그대로 보존하고 진열관으로 만든 곳이다. 부의
와 만주지방의 치욕의 역사가 진열되어 있는 곳(사진과 실물 등)이
다. 대지는 13만㎡이고 건물은 10여 동이 있다. 건물은 모두 일본
식 · 중국식 · 서양식을 절충한 것인 통일감이 없는 것이었다.

　진열은 황궁 당시의 원상을 그대로 전시하면서 주제별로도 전시
하였다. 주제별 전시실은 동북침탈14년사전람, 황제에서 공민까지
전람, 부의와 그의 황후와 황비전람, 위만황궁유물전람 등으로 나

고구려시대의 마구 : 만주지방을 다스렸던 우
리의 조상 고구려족이 사용했던 마구인데 길림
성박물관에 잘 보존되어 있다. 이런 기마 유목
민족의 유물은 이 박물관에 많이 있다.

졌다.

특히 부의가 3세 때 북경의 고궁(자금성)에서 황제로 등극하는 꼭
두각시 같은 모습, 자금성에서 황급히 쫓겨 나오는 모습, 관동군의
삼엄한 경호 속에서 만주국 황제가 되는 얼빠진 모습, 소련군의 포
로가 되는 모습, 북경에서 일반 공민으로 다시 태어나기 위해 교육
받는 모습, 61세로 인생을 끝내는 처참한 모습 등은 현대중국의 파
란만장한 장면을 보는 것 같았다.

1 · 2층 여러 방에 전시되어 있는 8천여 점의 사진과 실물자료 등
을 보면서 배운 것도 많았지만 부귀영화와 권력의 무상함에 가슴이

아팠다. 또 부의가 35세 때 15세 어린 여학생을 후빈으로 맞아 음욕
에 빠지고 그의 황후는 아편에 병들어가던 모습도 볼 수 있어서 인
생의 헛됨도 깨닫게 되었다.

메모
주소 : 장춘시 광복북로 3호
전화 : 2864910
우편번호 : 130051
입장료 : 20원
휴관 : 연중무휴

4
띠즈꿍뽀우꽌
(地質宮博物館 : 지질궁박물관)

길림대학 본부건물의 2층에 있는 장춘과학기술대학지질궁박물관
은 교육도시·과학도시·산림도시가 되고자 하는 장춘시의 상징
같았다. 중국전통건축양식으로 지은 건물은 웅장하였고 주변환경
도 좋았다. 그리고 필자를 안내해 준 잘생긴 청년은 인물도 좋았고

지질궁박물관 입장권 : 장춘과기대학부속 지질궁박물관은 광물박물관인데 규모·시
설·유물 등이 다 놀라웠다. 한 대학의 부속박물관으로는 대단했는데 우리나라 형편을
생각하니 부러웠다.

지질궁박물관 전시실 : 5개 구역으로 나눠진 것 가운데 보석과 옥석전구의 모습이다.
자연과학대학의 지질학과 광물학 연구생들의 연구활동에 많은 도움을 주고 있다.

박학다식하여 토론의 상대가 되었다.

　1954년에 개관한 이 지질궁박물관은 소장품도 풍부하고 특색도 선명하여 국내외에서, 특히 아시아에서는 가장 유명한 지질박물관으로 알려져 있다. 이곳은 과보청과 공룡청으로 크게 나눠져 있고, 과보청은 다시 기석전구역·고생물전구역·보석과 옥석전구역·광산전구역 등으로 세분되어 있다. 그래서 전국과학지식보급교육기지·중국청소년과학기술교육기지가 되었다.

　기석(기기묘묘한 돌)은 조형석·화면석·화석·정체광물·사건석 등이 있는데 일정한 모양을 가지고 있는 돌·그림 같은 모양을 보여주는 돌, 2백만 년 전 고생물의 화석, 3억 년 전 삼엽충의 화석

지질궁박물관의 휘제광 : 자수정처럼 단단하고 아름다운 이 휘제광은 지질궁박물관에서 자랑하는 광석인데 안내원이 특별히 사진을 마련해 주었다.

등이 있다. 잘 그린 그림이나 만든 조각보다 더 볼 만하다. 대자연은 훌륭한 화가였으며 조각가 같았다.

공룡청의 공룡 두 마리는 모자공룡으로 불리고 있는데 6천5백만 년 전 흑룡강 일대에서 살던 것이다. 큰 것은 높이 6m, 길이 11m, 작은 것은 높이 2m, 길이 5m이다. 1990년에 발굴한 것으로 진골화석(眞骨化石)의 비율은 40~70%이다. 또 이곳에는 공룡알도 전시되어 있어 더욱 흥미롭다.

운석은 1976년 3월 길림시 북쪽에 떨어진 2백여 개의 운석을 수집한 것인데 이 가운데 제일 무거운 것은 1천7백70kg이나 되는 것이다.

보석은 자연계에서 가장 단단한 금강석을 비롯하여 수많은 보석이 진열장안에 전시되어 있다. 특히 금록묘안석(금색과 녹색을 띤 고양이눈 같은 보석)은 세계적으로 유명한 보석이다.

젊은 안내인이 정확한 북경표준어로 설명해 주는 말을 들으면서 필자는 자기 전공에 대한 자부심과 나라 사랑하는 마음을 알 수 있었다.

┌─────────────────────────────┐
│   메모   │
├─────────────────────────────┤
│ **주소** : 장춘시 문화광장 북측 지질궁   │
│ **전화** : 8502476   │
│ **우편번호** : 130026   │
│ **입장료** : 10원   │
│ **휴관** : 일요일   │
└─────────────────────────────┘

5
랴오닝성진시엔따이스뽀우꽌
(遼寧省近現代史博物館 : 요령성근현대사박물관)

해방전까지의 이름이 봉천(奉天)이었던 심양(瀋陽)에 오면 역사의
잔영은 더욱 복잡한 듯하다. 이곳의 정문 기둥에는 두 개의 간판이
걸려 있다. 즉 요령성근현대사박물관과 장학량구거진열관(張學良
舊居陳列館)이다. 또 진열관을 장씨수부(張氏帥府)라고도 한다. 중
국의 근현대사가 복잡하고 장학량의 아버지인 장작림이 짓고 자녀
들(6명의 부인, 8명의 아들, 4명의 딸)과 함께 살던 집(사택)·사무
실(관저) 등이 같은 구역 안에 있기 때문이다.

필자가 이 박물관의 구내매점에서 산 책(張學良舊居, 376쪽,
1999, 심양)은 전8편으로 되었는데 내용은 장학량구거건축군·천
고공신장학량장군·장작림과 봉천계열군벌, 인민해군의 참모장 장
학사장군, 장학량구거에서 발생한 몇 가지 사건, 장씨가족·봉천
계열군벌과 동북군시기의 군정중요인물 등이다. 20세기 만주역사
를 한눈으로 볼 수 있는 내용들이다.

요령성 근현대사박물관 정문: 장학량구거진열관이라는 간판과 요령성 근현대사박물관이라는 간판이 나란히 걸려 있다. 건물도 중국전통식과 서양식 건물이 함께 있어 복잡한 근현대사를 잘 말해주고 있다.

대청루 : 장학량구거에서 제일 크고 잘 보존되어 있는 3층 서양식 건물이다. 1933년에 완공되었는데 내부시설과 장식 및 유물 등이 다 좋다.

대지면적 3만6천㎡에 지은 건축물은 4개 부분(中院·東院·西院·院外건축)으로 나눠져 있고, 건축양식도 3진4합원식의 중국전통양식과 서양식 등이 다양하다. 1914년부터 짓기 시작하여 1933년에야 다 지었다.(건축면적은 2만7천여㎡) 지금은 모두 전국중점문물보호단위로 지정 보호되고 있다. 이곳은 그 동안(20여 년간) 여러 차례 수리 복원한 후 요령성근현대사박물관이라는 이름으로 1988년부터 대외개방을 하였다. 또 2000년말까지 천고공신(千古功臣) 장학량장군업적전·장학량장군구거복원전·장학사장군업적전·동북해방50주년전·서안사변50주년기념전·장학량장군백세탄신기념전 등을 열었다.

이 박물관의 소장품은 2만여 점인데 항일전쟁·해방전쟁·항미원조시기(6·25한국전쟁 시기)유물·장씨가족의 각종유물과 자료 등으로 되어 있다.

진열은 구거복원진열·천고공신장학량장군업전전람·근현대사전람 등으로 나눠 하였다. 근현대사전람은 요령과 동북지구의 근현대사 발전상황을 중심으로 하였다.

함박눈이 며칠동안 계속 내리는 심양에서 정원초하루를 맞으면서 필자는 이곳을 자세히 살펴보았다. 역사와 문화를 되새기면서 -.

주소 : 심양시 조양구 소수부(대남문)

전화 : 4843696

우편번호 : 110011

입장료 : 35원

휴관 : 연중무휴

6

썬양꾸궁뽀우위엔
(瀋陽故宮博物院 : 심양고궁박물원)

중국에는 꾸궁뽀우위엔(故宮博物院 : 고궁박물원)이 세 군데에 있다. 즉 북경·심양·대만 등지에 있다. 북경고궁박물원은 명·청 시대의 궁궐인 자금성을 개방하여 만든(1925) 것이고, 심양고궁박물원은 청나라 태조와 태종이 창건 거주하던 만주족 건축물을 그대로 보존하면서 박물관으로 개관한(1926) 것이며, 대만성 대북시에 있는 국립고궁박물원은 장개석 국민당 정부가 본토에서 가지고 온(1949) 북경고궁박물원의 소장품을 전시하기 위해 양명산 남쪽에 4층 건물을 짓고 개관(1965)한 것이다.

필자는 이 세 고궁박물원을 다 찾아가서 자세히 보았는데 소장유물이 많은 순서는 북경·대북·심양 순서이고, 건물이 많은 순서는 북경·심양·대북 순서이며, 시설이 좋은 순서는 대북·북경·심양 순서이다. 대지의 넓이 순서는 북경·대북·심양 순서다. 또 관람객이 많은 순서는 북경·대북·심양 순서다.

심양고궁은 1625년 청태조 누르하치가 짓기 시작하여 건륭황제 (재위 1736-1795)때 완공되기까지 1백30여 년에 걸쳐 이뤄진 황제의 궁전이다. 대지면적은 6만2천㎡, 건축면적은 1만5천㎡, 소장품은 3만여 점이다. 이곳에서는 청대의 건축양식뿐만 아니라 청대의 궁정역사·궁정생활·종교문물·서화·도자기·자수·칠기·가구·무기·고고품·악기·화폐·유리제품·현대공예품·금은보석 등을 다 볼 수 있다.

진열은 청대 궁정의 원상진열·궁정역사문물진열·청대공예품진열·청대예술품진열 등으로 나눠 대정전 구역과 숭정전 구역에서 하고 있다. 물론 청대전기유물이 대부분이다. 이 박물관은 명칭

심양고궁 입구에 있는 무공방 : 이 무공방(武功坊)은 고궁박물원의 외문으로서 3문으로 된 일주문이다. 목조로서 단청도 청나라식이고 청나라 문자로 이름이 씌어 있다.

40

심양고궁의 겨울 : 심양고궁은 1백30여 년에 걸쳐 완성된 청나라의 궁궐(태조와 태종시대)인데 대지면적은 6만여㎡이다. 즉 2만 평 정도로 작다.

청 태조 누루하치 상 : 청나라 태조(재위 1616~1626)는 만주의 여러 부족을 통일한 후 후금을 세우고 심양(당시의 명칭은 봉천)에 궁궐을 세우기도 하였다.

청태종 녹각의좌 : 기마유목민족으로 사슴 사냥을 잘 했던 청태종은 의자도 팔걸이를 사슴뿔로 만든 것을 사용하였다. 심양고궁박물원의 귀물이다.

이 동삼성박물관·봉천고궁박물원·국립심양박물원·심양고궁박물관 등으로 바뀌다가 1986년부터 심양고궁박물원으로 부르기 시작했다.

이곳에서 가장 눈에 띄는 유물은 청태종의 녹각의좌(사슴뿔로 양쪽 팔걸이를 만든 황제집무실 의좌)였다. 사슴사냥을 즐겼던 유목민족임을 상징하는 유물이라 하겠다.

메 모
주소 : 심양시 심양로 171호
전화 : 024-24844192
우편번호 : 110011
입장료 : 35원
휴관 : 연중무휴

44

7
지우이빠리스뽀우꽌
(9·18歷史博物館 : 9·18역사박물관)

   중국에는 왕조시대의 유산도 많지만 신해혁명시대·항일전시대·공산혁명시대와 관계되는 사적이나 유적 또는 박물관·기념관·능원 등도 많다. 심양에 있는 9·18역사박물관은 항일전시대 박물관으로는 제일 크고 시설이 좋은 곳이다.

   9·18역사박물관의 원명은 9·18사변박물관이었는데 1991년 9·18사변 60주년을 기념하여 세웠다. 그후 확장공사(1997년 9월 완공)를 착공하였고, 1999년 9월 18일 현재 위치에서 신관을 개관하였다. 대지면적은 3만5천㎡, 건축면적은 1만2천6백㎡, 전시장면적 9천2백㎡, 8개 전시장으로 구성되었다. 시설은 10개 대형스크린·방송시설·중앙에어컨시설·비디오상영시설·전자열람실·다매체컴퓨터시설·인터넷시설 등 현대화시설을 다 갖췄다. 따라서 이 박물관은 대형 현대화 애국주의 교육시설이며 국방교육기지라 할 수 있다.

"九・一八" 历史博物馆

9·18역사박물관 입장권 : 한국 천안에 있는 독립기념관과 비슷한 성격의 이 9·18역사박물관은 건축면적 1만2천여㎡나 되는 단일 대형 건물이다.

이 박물관에는 1931년 9·18사변 이후 14년 동안(1945년까지) 일제가 저지른 만행을 폭로 전시 교육하는 각종 자료(사진·도표·실물 등)가 많다.

1928년 6월 만주봉천군벌 장작림(張作霖)이 왜군에 의해 심양역으로부터 3km 떨어진 황고돈역에서 폭사당한 후 만주지방은 왜군(관동군)에 의해 야금야금 점령당하고 있었다. 그리고 다시 1931년 9월 18일 노구교사건(남만철도폭파사건)이 터지고 관동군은 심양에 있는 중국의 관공서를 점령하였고 이 과정에서 수많은 중국인을 살해하였다. 이 사건을 9·18만주사변이라 한다. 이 9·18사변은 일본제국주의의 명백하고 대규모적인 중국 침략의 서막이 되었다.

입장권을 사들고 광장을 지나면 커다란 기념비(망가진 달력이라는 이름의 잔력비, 1991년 세움)가 있고 그 옆에는 분기(분연히 일

항전승리기념비 : 항일전쟁(1937~1945) 승리기념비는 공산당·해방군·인민 등이 하나
가 되어 싸워 이겼다는 의미를 나타내고 있다. 옆의 부조와 잘 어울린다.

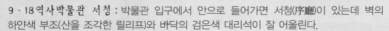

9 · 18역사박물관 서청 : 박물관 입구에서 안으로 들어가면 서청(序廳)이 있는데 벽의
하얀색 부조(산을 조각한 릴리프)와 바닥의 검은색 대리석이 잘 어울린다.

어섬)라는 조각과 항일전 승리기념비를 보게 된다. 기념관 내 서청 (序廳)은 엄청나게 넓고 웅장한 백색 대리석 부조(중국의 산하를 상 징하는)가 있다. 바닥은 검은색 대리석을 깔았다. 그리고 널찍널찍 한 8개의 전시장이 계속된다. 1931년 9월 12일 장개석과 장학량이 회담하는 모습의 밀랍인형도 있다. 일본군의 점령하에 놓인 심양서 성문장면을 복원한 것도 볼 만하다. 그리고 1956년 7월 중국최고인 민법원특별군사법정에서 심판을 받는 일본전범 28명의 비참한 모 습도 밀랍인형으로 만들어 전시한 것도 있다. 우리나라 천안에 있 는 독립기념관을 보는 느낌이다.

메모

주소 : 심양시 망화남가 46호
전화 :024-88320918
우편번호 : 110044
입장료 : 20원
휴관 : 연중무휴

8

랴오닝성뽀우꽌

(遼寧省博物館 : 요령성박물관)

　역사예술박물관인 요령성박물관은 1949년 7월 동북박물관이라는 이름으로 개관하였고, 1959년 요령성박물관으로 이름을 바꿨다. 본래 이 박물관은 1935년 6월 만주국의 국립박물관이었고, 1938년 12월에는 국립중앙박물관봉천분관이 되었다. 또 1945년에서 1949년까지 국립심양박물관과 국립심양박물원이었다. 그러니까 오늘의 요령성박물관은 만주국국립박물관(1935)→국립심양박물관→국립심양박물원→동북박물관→요령성박물관(1959) 등으로 명칭이 6번이나 바뀐 셈이다. 만주의 역사 · 동북지방의 역사 · 봉천의 역사 · 심양의 역사가 그처럼 복잡하고 파란만장하였다는 얘기가 된다.

　요령성박물관의 진열관은 두 곳인데 1934년에 지은 건물(구관 · 서양식 3층)과 1988년에 지은 건물(신관 · 중국식 3층)이다. 소장품은 크게 요령역사문물진열과 중국고대비지진열로 나눠 전시하고 있다.

· 辽宁省沈阳市和平区十纬路二十六号　电话:2822525　开馆时间:9.00—16.00

요령성박물관 입장권 : 여섯번이나 이름을 바꾼 요령성박물관에는 10여만 점의 유물이 있는데 이것을 9개 진열실에 나눠 진열하고 있다.

원청화팔능권 : 원나라(1206~1368) 때부터 시작된 청화자
기 기법은 페르샤에서 가져온 청화(코발트·화청·회회청)를
안료로 쓰기 시작하면서 비롯되었다. 화려 섬세하다.

고기패의 종규도 : 만주 출신 화가로 손가락
그림(지두화)을 잘 그렸던 고기패(高其佩)가
1728년에 그린 그림(지본설색, 148×66㎝)이다.

삼채도호 : 요나라(907~1125) 때 작품으로 물결과 구름무늬가 있는 납작한 도기항아리
(편파도호)인데 높이 21cm이다. 가운데에는 활짝 핀 연꽃무늬가 있다.

요령역사문물진열은 9개 진열실에 전시하고 있다. 요령지방에서 발굴한 역사고고품은 요령지방의 유구한 역사와 찬란한 고대문화의 면모를 보여주고 있다. 항목은 고인류족적·구석기시대유물·신석기시대유물·청동기유물·진한제국시대역사유물·진당시대 민족문화·선비족과 고구려족문화유물·요시대문화유물 등으로 분류했다. 필자는 신관에 있는 이 유물들을 보면서 만주벌판을 달리면서 강성한 대제국을 이뤘던 조상들(고구려)을 그렸다. 비교적 많은 문화재가 잘 전시되고 있었다.

10여만 점의 유물을 가지고 있는 이 박물관은 소장품을 문물소장품과 자료소장품으로 나눴다. 또 문물소장품은 갑골·동기·도자·서화·자수·비지(碑志)·고지도·판화·칠기·복식·조각·가구 등 18종류로 나눴다. 자료소장품은 청궁(淸宮)에 있던 것이 대부분이다. 즉 부의(溥儀)가 북경 자금성(淸宮)에서 가져온 것, 해방군과 인민정권이 수집한 것, 만주국박물관소장품, 나진옥소장품 등이다.

요령성박물관의 유명한 서화소장품을 대강 살펴보면 다음과 같다. 당나라 때 장욱의 고시사첩, 송나라 휘종의 천자문, 당나라때 그림인 잠화사녀도, 오대 때 동원의 하경산수대도도, 송나라 때 마원의 쌍수도와 하규의 장강만리도, 원나라 때 4대가들의 작품 등이다.

지난해(2000년 10월 5일-11월 19일) 서울 예술의 전당 미술관에서는 요령성박물관의 그림(명·청시대 작품 36점) 전시회가 열려 대성황을 이룬 바 있다.

주소 : 심양시 화평구 십위로 26호

전화 : 2822525

우편번호 : 110003

입장료 : 8원

휴관 : 월요일

오

썬양푸링

(瀋陽福陵 : 심양복릉)

요령성의 중부지방에 있으면서 성도(省都)인 심양의 옛이름은 후성·심주·심양로·심양중위·심양·모극돈(성경)·봉천 등이었다. 여진족의 누루하치가 만주를 통일하고서 후금을 세운 후(1616) 심양을 서울로 정하고(1625) 궁궐을 조영(심양고궁)하였다. 그래서 만주족이 북경으로 들어가 대청제국을 세웠지만 태조의 능(동릉·복릉)과 태종의 능(북릉·소릉)은 이곳 심양에 두었다.

심양의 북쪽에 있는 소릉(속칭 북릉)은 태종과 황후의 능묘인데 순치8년(1651)에 조성하였다. 관외3릉 가운데 제일 규모가 큰데 면적은 450만㎡나 된다. 필자는 북릉은 찾아가지 않고 동릉만 찾아가 보았다.

동릉은 태조와 황후의 능묘이다. 태조(1616-1626)가 죽은 후 1629년에 착공된 후 1651년에 묘역을 완성하고 1688년에 기념비를 세웠다. 부속건물은 건륭년간(1736-1795)에야 완공되었다. 면적은

복릉의 정문 : 심양의 동쪽 교외에 있어 동릉이
라고도 하는 복릉은 청태조 누루하치의 능이다.
공원 입장권과 능 입장권을 사야 들어갈 수 있
다. 삼문으로 조각과 단청이 화려 섬세하다.

복릉의 각루 : 붉은 기둥과 누런 지붕은 짙은
초록색의 잘생긴 소나무들과 어울려 아름답다.
1629년부터 시작하여 1651년에 완공된 묘역은
19만5천㎡이다.

59

겨울의 복릉 : 눈이 하얗게 내린 복릉은 아름다우면서도 장엄하였다. 수백 개의 가파른 계단을 올라가야(해발2백m) 청태조와 황후가 누워 있는 묘가 있다.

19만5천㎡이다. 태조릉이지만 다음 대인 태종릉보다 훨씬 작다. 필자가 볼 때 약 6만 평인 이곳도 좁지는 않았다. 특히 배산(천주산)임수(운하)여서 명당(만년길지)이었다. 누루하치는 복이 많아서(만주족을 통일하고, 후금국을 세우고, 중국전토를 차지하고 대청제국을 이뤘으니까) 그의 능까지 복릉이라고 하는 것 같다.

복릉의 정문은 정남쪽에 있는데 화표 · 석사 · 석방 · 하마비를 지나 정문(정홍문)을 통과한 후 조금씩 계단을 올라가면 또 석상(코끼리) · 석사(사자) · 석마(말) · 석낙타 · 석호(호랑이) 등을 보게 된다. 돌로 만든 말은 누루하치가 타고 다니던 몽고말을 실물크기로 만든 것이다. 다시 다리(좌우에 108개의 석등이 있는)를 건너 올라가면 비루(신공경덕비)가 있다. 그리고 그 뒤 방성이 있고 그 뒤(제일 북쪽)에 보정(寶頂)이 있다. 즉 흙무덤인데 그 속에 누루하치와 황후의 관이 누워 있다. 해발 2백m가 더 되는 산 위에 있다.

그러니까 복릉은 대홍문외구 · 신도구 · 방성(보성)구 등 세 구역으로 되어 있고 동서가 좁고 남북이 긴 장방형이다. 또 정문에서 무덤까지는 몹시 경사가 심하여 수많은 계단을 올라가기가 매우 힘들다. 지난 1월 26일 아침 영하 23도의 추위 속에서 발목까지 빠지는 눈을 밟으며 올라갔다. 아름다운 건물(융은전 · 동서배전 · 명루 · 월아성 · 보성 등)과 수천 그루의 소나무(크고 잘생기고 오래된 푸른 소나무들이 하얀 눈을 이고 있었다)가 너무나 눈부시게 아름다웠다. 황금색 기와 · 붉은 담 · 푸른 솔 · 하얀 눈이 하나로 어우러진 복지(福地)였다.

복릉의 주인 태조는 14명의 황후와 비 · 빈을 두고 살았으며, 16

명의 왕자와 8명의 공주를 낳았다. 이 가운데 여덟째 왕자가 대를
이어 태종황제가 되었다.

메모

주소 : 심양시 동릉구 천주산 아래

전화 :

우편번호 :

입장료 :12원

휴관 : 연중무휴

10
따리엔쯔란뽀우꽌
(大連自然博物館 : 대련자연박물관)

대련자연박물관에 관한 글이 있는 도서(1995년판 중국박물관지 · 1999년판 중국박물관여유지남)는 모두 현재의 위치에 새로 짓고 이전하기 전을 소개한 것이어서 다 정확하지 않다. 1998년 가을에 이전하였기 때문이다.

대련에서 여순으로 가는 해변공원(흑석초서촌가 40호)에 라인강변의 고성(古城)처럼 지은, 그러나 초현대식 시설을 갖추고 지은 4층의 이 대련자연박물관은 필자가 본 중국의 자연사박물관 가운데 제일 크고, 깨끗하고, 시설 좋고, 환경이 좋은 박물관이었다. 중국인도 이렇게 멋있는 박물관을 짓는구나 할 정도였다. 파란 지붕 · 하얀 벽 · 푸른 바다 · 검은 바위 등이 어우러져 한 폭의 그림을 만들고 있었다. 위치부터 자연사박물관으로는 아주 좋은 듯하였다.

건축면적 1만5천㎡(진열실면적 6천㎡)와 10여만 점의 소장품(동식물표본 · 고생물표본 · 암석표본 등), 60t이 넘는 고래(길이 17m)

副 卷

票价30元

电话: 4691290
　　　4675544-8009
邮编: 116023
地址: 大连市沙河口区
　　　黑石礁西村街40号

№ 0013614

대련자연사박물관 입장권 : 대련자연사박물관은 중국에서 제일 아름다운, 제일 큰, 제일 시설이 좋은 자연사박물관인데 대련에서 여순으로 가는 길 바닷가에 있다.

海兽展厅

软骨鱼展厅

恐龙展厅

대련자연사박물관 진열실 : 10개의 전시실 가운데 바다짐승실·연골어진열실·지구실·공룡전시실 등이다. 고래는 17m(60t)이고 공룡은 40m나 된다.

를 비롯한 거대한 고래들, 40m가 넘는 공룡의 생태모형 등을 자랑하는 이 자연박물관을 보면서(2001년 1월 4일) 필자는 계속 감탄했다. 10개의 전시실(1·2·3층)을 오르내리면서 지구실·공룡실·해양생물실·동북삼림동물실·습지실 등에서 정말 희귀한 표본들을 많이 보았다. 표본들은 죽은 것이 아니라 21세기 생명공학 연구의 보물이었고, 최첨단 유전공학 연구의 바탕이었다. 그런데 우리에게는 이런 자연사박물관이 없는 것이다.

유네스코가 승인한 자연사박물관이며 중국 4대 저명박물관 중의 하나인 이 대련자연박물관은 현대문명교육의 전당으로서도 손색이 없는 곳이었다. 요동반도의 최남단이며 동북지방의 제일 남쪽 끝에 있는 대련에서도 아름다운 흑석초(黑石礁) 위에 있어 더욱 좋았다. 대련에 가면 이곳 박물관과 여순에 있는 여순감옥·여순박물관·여순해군병기창 등을 꼭 찾아가 봐야 한다.

메모

주소 : 대련시 흑석초 서촌가 40호

전화 : 4675544

우편번호 : 116023

입장료 : 30원

휴관 : 월요일

11
류슌르어지엔우지우쯔
(旅順日俄監獄舊址 : 여순일아감옥구지)

필자는 이 여순일아감옥구지(여순에 있는 일본과 러시아 감옥 옛 터)에 관한 글을 2001년 3월 26일 아침에 쓴다. 3월 26일은 안중근 의사(1879.9.2-1910.3.26)가 여순감옥의 형장에서 사형이 집행된 날이다. 오늘 서울 남산의 안중근의사기념관 앞 광장에서는 추념식 이 열린다. 필자는 이 글을 쓰기 위하여 며칠 전 안의사 기념관을 다 시 찾아가 보았다.

안의사광장에는 안중근의사의 글과 그에 대한 글을 새긴 여러 가 지 모양과 크기의 자연석(17개)이 서 있었고 기념관은 내부수리공 사(현대화 시설공사) 때문에 휴관중(2001.9.30까지)이었다. 필자는 돌에 새긴 글들을 다 읽어보느라 한 시간 이상 그곳에 머물렀고 다 시 한번 안의사의 애국충정에 머리를 숙였다. 특히 필자가 좋아하 는 글(人無遠慮難成大業, 사람이 먼 훗날에 대한 염려가 없으면 큰 일을 이루기 어렵다는 뜻)도 새겨져 있었다.

여순항구 : 대련시 여순항구는 만주지방의 남대문인 셈이다. 천혜의 이 항구는 작지만 아주 중요하여 일본과 러시아가 전쟁을 벌이기까지 하였다.

여순감옥터 입장권 : 여순감옥터의 정식명칭은 여순일아감옥
구지이다. 이곳을 진열관으로 만들어 교육기지로 활용하고 있
다. 이곳에서 안중근의사가 사형(1910. 3. 26)을 당하였다.

여순감옥터를 찾아간 날(2001.1.4)은 청명한 날씨(기온은 섭씨 5도)였다. 대련에서 여순(旅順口區)까지는 황해와 발해를 낀 해안도로가 잘 정비되어 있었다. 바다와 산(나무는 얼마 없었다)이 잘 어울리는 여순은 인구 20만 명에 5백㎢의 작은 도시였지만 파란만장한 역사를 지니고 있는 항구(군항)였다. 행정구역 명칭은 여순구구(旅順口區)였다. 항구가 입 구 자(口)처럼 생겼기 때문이란다. 대륙, 특히 만주(동북지방) 진출의 입이었기 때문에 중일갑오전쟁(1894)과 일로전쟁(1904)을 겪었고, 한민족의 원수이며 조선통감이었던 이등박문(1841-1909)을 할빈역에서 권총을 쏴 죽인(1909.10.26 아침 9시30분) 안중근의사가 여순감옥의 사형장에서 사형된(1910.3.26 아침10시) 곳이었기 때문에 필자의 여순 가는 길은 감회가 깊었다.

유럽 전통건축양식으로 지은(1902) 2층 본관 건물 입구에는 여순일아감옥구지라는 가로간판이 붙어 있는데, 정문 오른쪽 기둥에는 여순일아감옥구지진열관이라는 세로간판이 걸려 있다. 본래의 감옥(감방이 253간이어서 2천-3천 명을 수용할 수 있다)에 진열관을 따로 지었으니까(1971.3) 이렇게 두 개의 이름을 붙인 모양이다. 2천여 점의 철기 · 동기 · 회화 · 비 · 갑오전쟁 자료 · 노일전쟁 자료 · 현대역사문물 등을 전시하고 있는 진열관은 감옥이어서 을씨년스럽기만 했다.

중국인 여자안내원을 따라 중국인 관람자들과 함께 관람했다. 혼자서는 감옥 안을 관람할 수 없는 규정 때문이었다. 안내인이 중국말을 알아듣느냐고 묻기에 메이유원티(沒有問題, 문제없다)라고 했다.

안중근의사 동상 : 1909년 10월 26일 할빈역에서 이등박문을 총살하고 민족의 기개를
보여준 안중근의사(1879~1910)의 동상은 서울 남산 안의사 기념관 앞에 있다.

감옥의 옥사는 큰 대 자(大)처럼 생긴 방사상이고 가운데에 간수대가 있다. 물론 간수가 올라서서 감시하는 간수대는 2단 높이로 높았다. 좁은 감방 안에는 찌그러진 밥그릇·물통·변기통이 있고, 감방문 옆에는 중국어·일본어·한국어로 인쇄된 감규(감옥 규칙)가 붙어 있었다.

감옥 안에는 검신실(신체검사실) 교회실(욕하고 때리면서 취조하는 방으로 여러 가지 구타용구가 있었다) 교형실(목을 매 죽이는 사형장) 암뇌(반 평 정도의 지하실인데 빛이 전혀 들어가지 않아 사흘간 있다가 갑자기 밝은 곳으로 나오면 눈이 먼다는 감방이다) 각종 작업공장(벽돌공장·인쇄공장·방직공장 등 15개소) 들이 있었다. 높이 4-6m의 붉은 벽돌담 안의 면적은 2만8천㎡여서 옛날 서대문구치소 정도 크기 같았다.

이 감옥은 1945년 8월에야 감옥으로서의 기능을 끝냈고, 1971년 7월 수리를 마친 다음 개방했다. 지금은 애국주의교육기지로 쓰고 있다. 그런데 안중근의사가 5개월간 갇혀 있던 방은 3평 정도로 햇볕이 잘 드는 독방이었다. 책상과 침대까지 있었다. 국사범(國事犯) 대접을 했다. 안중근의사는 이 독방에서 이등박문의 죄악 15개조·안응칠역사·동양평화론·인심결합론·옥중한시·옥중편지·동포에게 고함·최후의 유언 등 많은 글을 썼고, 200여 폭의 유묵(간단한 글, 이 가운데 22폭은 우리나라의 보물로 지정 보호되고 있다)을 남겼다. 행서체 한문은 모두 힘차 기운이 생동하는 듯하다. 안중근의사의 육신은 91년 전에 이 세상을 떠났어도 그의 정신과 말씀은 우리들의 가슴속에 살아남아 있다. 영원히 민족혼으로 살아남아 있을 것이다.

한 가지 남은 과제는 그의 유언대로 그의 시신(백골)을 찾아 조국에 안장하는 일이다. 그래야만 우리 후손은 위대한 선조에게 부끄러움이 없을 것이다.

┌─────────────────────────────────┐
│ **메 모** │
├─────────────────────────────────┤
│ **주소** : 대련시 여순구구 함양가 139호 │
│ **전화** : 0411-6610675 │
│ **우편번호** : 116041 │
│ **입장료** :15원 │
│ **휴관** : 연중무휴 │
└─────────────────────────────────┘

12

류순뽀우꽌

(旅順博物館: 여순박물관)

여순구(旅順口)라는 책(1999년 6월판·108쪽)과 여순도유대전(旅順導遊大全)이라는 책(1999년 10월판·157쪽)을 보면 여순에서 가볼 만한 곳은 159곳이나 된다. 필자는 이 가운데에서 10곳을 보았고, 이 책에서는 2곳만 소개했다.

여순박물관은 독특한 분위기가 있는 곳이었다. 유럽식 건축(2층·일부는 3층·지하1층, 진열면적 3천㎡)을 둘러싸고 있는 나무들(소나무·잣나무·벗나무 등)과 갖가지 꽃은 매우 아름다웠다. 5만여 점의 소장품을 전시하고 있는 전시실과 진열장도 고풍스러웠고, 전시실의 천정도 높직했다.

여순박물관은 1917년에 관동도독부만몽물산관으로 지어졌다가 1918년에는 관동도독부박물관으로, 1919년에는 관동청박물관으로, 1934년에는 여순박물관으로 이름을 바꿨다. 그런데 1945년 8월 22일 소련군이 진주한 후에는 동방문화박물관으로 이름이 바뀌었고,

1952년에는 여순역사문화박물관으로, 다시 1954년 4월에는 지금의 명칭(여순박물관)으로 결정되었다. 기구한 운명이랄까, 역사의 소용돌이 속에서 살아온 탓이랄까.

진열은 크게 역사문물전제진열(청동기·서화·도자기·칠기·법랑기·목죽기·옥석기·불상 등) 대련지구 역사문물진열(한대에서 청대까지의 출토유물) 신강출토문물특전(7구의 미라 등) 등으로 나눠 16개 전시실에서 3천1백여 점을 보도록 하였다.

이 박물관 소장품 가운데 볼 만한 것은 삼채마(당) 소동파의 양연첩(송) 심주의 청원도권(명) 마노로(청) 채회도루(한) 미라(신강출토) 등이라 하겠다. 유리진열장 안에 누워 있는 미라는 1천3백여 년 전의 자연 미라(모래 속에 묻혔던)여서 더욱 값있어 보인다. 신강출토문물은 일본인 오다니(大谷) 탐험대가 기증한 것이다. 오다니 탐험대는 그들이 가져온 유물을 여순박물관·동경국립박물관·한국국립중앙박물관 등에 기증한 바 있다. 내용은 불화·판화·사경·문서·조각·벽화·도기·목기·묘지·화폐·비단·미라 등이었다.

또 이 여순박물관에는 일본 근현대서화와 도자기도 비교적 많이 소장되어 있다. 그래서 그럴까, 이 박물관에는 일본인 관광객이 많이 찾아오는 것으로 유명하다.

대련과 여순이라는 일본 분위기가 남아 있는 깨끗한 도시, 일본인의 향수 내지는 자존심을 일깨워 주는 도시, 일본제국주의의 잔영이 남아 있는 도시에 대한 미련 때문일 것이다.

전시실에서 필자에게 니혼노가다데스까(일본인입니까)라고 묻는

여순박물관 본관 : 일본제국이 일러전쟁 승리 후 1917년에 서양식으로 지은 여순박물관
은 아담한 건물과 함께 5만여 점의 소장 유물을 자랑하고 있다.

석조보살두부 : 북위시대(386~534)에 만든 이 석조보살의
머리부분(두부)은 인도불상의 중국화를 보여주면서 고구려
불상에 영향을 주었음도 보여주고 있다.

신강출토미라 : 여순박물관에는 실크로드(특히 신강지역)에서 출토된 유물이 비교적 많은데 미라도 7구나 있다. 이 미라를 보려면 요금을 더 내야 한다.

일본인이 세 사람이나 있었다.

중국문화유산기행 ● III

2

시·난뿌(西·南部)의 문화유산

1
파쑤스
(巴蜀史 : 파촉사)

기온이 섭씨 영하 20-30도의 만주지방을 떠나 사천성(四川省, 쓰촨성)의 성도(省都)인 성도(成都, 청뚜)에 갔더니(2001.1.9) 날씨는 이른봄 같았다. 영상4-12도. 상해에서 비행기로 3시간 걸렸으니까 서쪽으로 2천km쯤 될 것이다.

사천성은 동(호북성) 서(청해성 · 서장자치구) 남(운남성 · 귀주성) 북(감숙성 · 섬서성)으로 둘러싸인 높은 곳에 있는 깊은 땅(오지)이고 성도는 또 가운데에 있는 분지이다. 사천성 인구는 8천4백만 명이고 넓이는 48만5천㎢이다. 인구는 남한의 약 2배이고 넓이는 4배 정도가 된다. 장강(양자강)의 상류지역이어서 물산도 풍부하다. 특히 비단 · 자수 · 칠기 · 금은 장식구 등으로 유명하다.

사천성의 역사는 갑골문자시대까지 거슬러올라간다. 2천5백여년 전 주나라 때는 이곳에 파국(巴國)과 촉국(蜀國)이 있었고, 진(2천2백 년 전)나라 때는 파 · 촉(巴 · 蜀) 2군(郡)을 두었으니까 그 이전부

83

명황행촉도 : 당나라(618~907) 때 현종황제(712~756)가 안록산의 난리를 피해 촉땅(사천성)으로 피난가는 모습을 그린 그림(견본채색 · 56×81㎝)으로 현재 대북 고궁박물원에 있다.

촉잔도 : 촉잔도(蜀棧道, 촉땅으로 가는 사닥다리길)는 옛날에 길이 험하여 벼랑에 사닥다리길을 만들고 갔는데 지금도 그 일부가 남아(2백m 정도) 있다.

격고설창도용 : 북을 치면서 노래 부르는 모습을 흙으로 빚어 만든 인형인데 1957년 사천성 성도시 천화산에서 출토되었다. 사천성박물관에는 이런 도용과 화상전이 많이 있다.

터 사천지방에는 파족과 촉족 등 소수민족이 살았다는 증거다. 파와 촉의 한자는 모두 벌레를 뜻하는 글자니까 고급문명족이었던 한(漢 또는 華夏)족이 이들을 비하해서 이렇게 불렀을 것이다. 어떻든 중경(重慶)지역에서 살던 파족과 성도지역에서 살던 촉족은 진(秦, 기원전 221-기원전 206)의 영토가 되었고 중국문명권에 들어가게 되었다. 그리고 이 지역을 가는 길은 당나라 때 시인 이백이 촉도난(蜀道難)에서 말했듯이 험난하다(하늘로 오르기보다 어렵다)고 해서 촉도(蜀道, 험한 길이나 처세하기 어렵다는 뜻) 촉잔도(蜀棧道, 촉으로 들어가는 사닥다리길)라는 말도 생겼다. 또 송나라 때부터 사천지방이라고 한 것은 파강과 민강(岷江) 등 네 개의 큰 강(大川)이 있다 해서 생긴 이름이다. 간단히 찬(촨, 川)이라고 부르기도 한다. 그래서 사천음식을 찬채(川菜)라고 하는데 한국음식과 비슷한 맛을 가지고 있다. 필자도 찬채 가운데 두부요리인 마파두부(麻婆豆腐, 마파떠우푸)를 좋아한다.

소설 삼국지에서 이름을 떨친 유비(촉한 소열제) · 장비 · 관우 · 제갈량 등도 다 이곳 사람들이고, 당나라 말기 이곳에서 촉국을 세우고(907) 황제가 되었던 왕건(王建)의 묘도 성도에 남아 있어서 박물관이 되었다. 또 당대 시인 이백 · 백거이 등도 다 이 지역 출신이다.

사천지방은 경치가 좋은 곳이 많아서 세계자연유산으로 지정된 곳이 4곳(구채구 · 황룡사 · 아미산 · 낙산대불)이나 된다. 모두 빼어나고(秀) 그윽하고(幽) 험하고(險) 기묘한(奇) 곳이라는 말을 듣고 있다. 그리고 국가급 풍경명승구도 9곳이 있고 성급 풍경명승구는

팬더곰 : 사천성의 깊은 산 속 대나무숲에서 사는 팬더곰은 사천성의 상징물이 되고 있다. 중국의 천연기념물로 지정 보호되고 있으나 그 수가 줄어들고 있다.

25곳이나 있다.

필자는 성도와 중경 등 사천지방에서 6일간 머물면서 12곳(박물관·사당·기념관·능원·진열관 등)을 살펴보았지만, 이 책에서는 8곳을 소개한다.

2
쓰촨성보우꽌

(四川省博物館 : 사천성박물관)

90

　사천성박물관의 입장권은 다른 박물관의'입장권과는 달랐다. 파촉심근(巴蜀尋根, 파촉의 뿌리를 찾아서)이라는 표제를 가지고 있었다. 그러니까 이 박물관의 소장품은 파촉지방(사천지방)의 유물이라는 뜻이고, 이 박물관의 유물을 보면 사천지방 사람들의 뿌리를 알 수 있다는 뜻이다.

　1941년에 개관한 사천성박물관은 몇 번 이름과 자리를 바꾼 후 1965년에야 현재의 위치로 옮겨왔다. 현재 소장품은 16만여 점인데 이것을 사천성 역사문물진열·사천성 혁명문물진열·고대파촉청동기진열·사천 한대도각석각예술품진열 등으로 분류하여 4개 정청과 4개 측청에 진열하고 있다. 특히 1층 남청에 진열되어 있는 사천화상전·석각품·도소예술품 2백여 점은 1천8백여 년 전 것으로 역사적 가치와 예술적 가치가 높은 유물들이었다.

　혁명문물진열은 1933년 겨울 공산군이 국민군에 쫓겨 연안까지

사천성박물관 : 소장유물이 16만여 점인 사천성박물관은 지방 박물관의 특성을 잘 보여주고 있다. 4개 정청과 4개 측청을 갖춘 2층 건물이다.

巴 蜀 寻 根

50

主办 四川省文化厅　成都市文化局
承办 四川省博物馆　四川省文物考古研究所
　　　成都市博物馆　成都市文物考古研究所
宣传策划 四川新形象艺术设计有限公司

展出地点 四川省博物馆(成都市人民南路4段3号)
展出日期 1999年10月15日起
开馆时间 每日9：00—17：00
联系电话 028—5222903

票价：**10元**

사천성박물관 입장권 : 파촉심근, 즉 파촉의 뿌리를 찾아서라는 제목을 밝힌 이 입장권
은 사천성의 역사가 파와 촉 두 민족으로부터 시작되었음을 말해주고 있다.

도환반고첩안화상전 : 사천성 일대에서는 2천여 년 전에 만들어진 여러 가지 화상전(畵像塼, 그림을 돋을새김하여 만든 넓적한 벽돌)이 많이 출토되고 있다.

도망갈 때 사천지방을 거쳐 간 흔적들(사진 · 그림 · 조각 · 문헌 · 대형 석각모형)을 전시하고 있다. 특히 대도하 · 노정교 · 번설산 등을 죽을 고생을 하면서 넘어간 공산군(홍군)의 처절한 모습이 사실적으로 드러나 있다.

사천성박물관의 유물 가운데 유명한 것을 시대별로 보면 대략 다음과 같다.

석기시대→두개골 화석 · 홍도 · 공심구 · 인면형석패 · 채도병

은주시대→옥장 · 동과 · 동검 · 동월 · 동모 · 동호 · 편종 · 석상

진한시대→도금철도 · 도태칠발 · 화상전 · 화상석 · 도용

위진남북조시대→회도용 · 석각불감 · 동노

수당오대시대→석각불상 · 석각역사상 · 석경

송원시대→도제완구 · 청자병 · 흑유관 · 견마옹

명청시대→도용 · 청화호 · 각자은정 · 촉금직기

메모

주소 : 성도시 인민남로 4단 3호

전화 : 5222907

우편번호 : 610041

입장료 :10원

휴관 : 일요일

3
우호우스뽀우꽌
(武侯祠博物館 : 무후사박물관)

유비와 제갈량 등 촉한의 군신을 다 모신 사묘(祠廟)인 이 무후사
는 남북조시대(420-589)에 만들었고, 1984년에 박물관으로 개관
하였다. 면적은 5만3천여㎡로 제법 넓다. 조경도 아름답다.

무후사는 본래 삼국시대 촉나라 재상 제갈량(181-234)의 사묘였
는데 명나라 초기에 근처의 촉나라 소열황제(유비, 161-223)의 묘
와 사묘를 합쳐 소열묘(昭烈廟)라 하였다. 그래서 대문에 한소열묘
(漢昭烈廟)라는 간판이 걸려 있다. 그러나 사람들은 계속 무후사라
고 부르고 있다. 따라서 이 박물관의 정식명칭도 성도무후사박물관
이라 한다.

건물의 배치는 남북 일직선상에 주건물(대문ㆍ이문ㆍ유비전ㆍ과
청ㆍ제갈량전)을 두고, 좌우에 당비ㆍ명비ㆍ문신랑ㆍ무장랑ㆍ진열
실ㆍ하화지 등을 두었다. 중국전통양식이다. 전체 묘역(廟域)의 왼
쪽에는 문물진열실ㆍ사무실ㆍ향엽헌ㆍ유비 묘 등을 두었다. 유비

무후사과청 : 무후사과청(武侯祠過廳)이란 무후사사당 안으로 지나갈 때 통과하는 집 (패세지 홀)이라는 뜻인데 중국전통식 건축 으로서 아담한 목조건물이다.

삼국문화진열외경 : 촉(221~243) 위(220~265) 오(222~280) 세 나라, 즉 삼국의 문화 유물을 진열한 야외전시장이다. 소설 삼국지와 주인공들이 생각난다.

붉은 담장길 : 무후사의 안으로 들어가는 길인데 붉은 담과 초록 대나무가 어우러져 자연의 기(氣)와 도(道)의 깊은 맛을 주고 있다. 1km 이상의 구부러진 담장길이다.

제갈량소상 : 촉나라 소열황제(유비, 161~223)를 받들었던 재상 제갈량(181~234)은 역사상 가장 충직하고 현명한 재상으로 존경받고 있다.

묘의 봉토 높이는 12m, 둘레는 180m.

무후사 안에 있는 채회니소인물상(흙으로 빚어 만들고 채색한 인물)은 모두 47존인데 이 가운데 40존이 촉한시대 인물들이다. 즉 유비·유선·제갈량·제갈상·방통·간옹·등지·지진·양홍·조운·손건·장익·마초·황충 등 소설(삼국지)에 등장하는 인물은 다 있다.

또 무후사 안에는 당나라 때 비 등 53통의 비갈이 여기저기에 있고, 편액도 많은 건물의 기둥에 걸려 있다. 소장유물은 모두 6천 여 점이다.

이곳을 자세히 둘러보면서 필자는 중국건축의 대칭미, 탁월한 조경기술, 인문경관과 자연경관의 유기적 융합, 각양각색의 회랑 등에 감탄했다. 소주·항주·양주 등지에서 본 원림(園林)도 좋았지만 서남쪽 오지에 있는 성도의 무후사에서 이런 사묘(祠廟)를 본다는 것은 행운이었다.

청소년 시절에 두 번이나 탐독했던 삼국지를 생각하면서, 제갈량의 덕망과 지혜를 그리면서 잣나무·대나무·각종 화목 사이를 오갔다. 그들은 위대하고 아름다운 인생들이었다.

메 모

주소 : 성도시 무후사대가 231호

전화 :

우편번호 : 610041

입장료 :30원

휴관 : 연중무휴

4
뚜푸챠오탕뽀우꽌
(杜甫草堂博物館 : 두보초당박물관)

당나라(618-907) 때 시인 수천 명 가운데 후세사람들은 두보·이백·백거이 등을 시성(詩聖)이라 부르고, 그들은 수천 수의 시를 남겨 우리를 즐겁게 해주고 있다. 이들 중 두보(杜甫, 712-770, 호 少陵, 자 子美)의 초당이 성도 시내에 있어 찾아갔다.

가난한 시인 두보는 759년 겨울 성도의 완화계(浣花溪, 꽃을 씻는 시내) 앞에 초당을 짓고 4년쯤 이곳에서 살면서 명시 2백40여 수를 남겼다. 이 가운데 초당을 짓고·복거·촉나라 재상·야로·가을태풍에 띳집을 날리고·봄밤의 기쁜 비·이백을 그리며·들에서·소년행 등이 유명하고 아름다운 시들이다.

그리고 자기가 지은 초당을 노래한 시도 20여 편이나 남겼다. 그러나 765년 5월 두보가 이곳을 떠난 후에는 폐가·개수·폐허·재건 등을 거듭하다가(13차례나) 청나라 가경 16년(1811)에야 대대적인 보수가 끝났다. 그리고 이때 두공초당도를 석판에 그리고 새겼

두보초당 : 당나라 때 시인 두보(杜甫, 712~770, 호 少陵, 자 子美)가 762년부터 4년쯤 성도에 초당을 짓고 살면서 2백40여 수의 시를 지었다.

고 오늘까지 남아 있다. 물론 시성두습유상(詩聖杜拾遺像)이라는 두보의 상반신 초상도 그리고 새겨 남겼다. 깡마른 모습의 50대 상이다. 해방 후인 1953년부터 정식으로 대외개방을 시작했고, 1955년에는 두보기념관을 준공 정식개관했다. 1985년에는 이 기념관을 두보초당박물관으로 이름을 바꿨다. 전체면적 20여ha, 소장품 4천 점.

이곳 매점에서 파는 책(杜甫草堂史話, 丁浩 등 지음, 1997, 78쪽)을 보면 초당의 역사와 형상, 경관평설, 문물습취, 매원 등에 관하여 상세히 설명하고 있어서 관람에 많은 도움이 된다.

정문으로 들어가 대묘·시사당·진열실·소릉초당·두보조소상·수죽거·공부사·연못(하화지)·완화사·두시서법목각청(두보의 시를 목판에 새겨 죽 걸어둔 회랑)·난초원·전시실 등을 두루 보고 남대문으로 나올 때까지 약 3시간을 걸었으면서도 피곤을 모르고 한없이 즐겁기만 했다.

예 12

주소 : 성도시 서성구 신서문외

전화 :

우편번호 :

입장료 : 30원

휴관 : 연중무휴

두시목각랑 : 두보의 시를 나무판에 새겨(목각하여) 걸어둔 회랑이다. 여러 가지 서체로 아름다운 시를 써 새겼기 때문에 소리내어 읽으면 듣기 좋다.

임당청유 : 울창한 숲, 잉어가 노는 연못, 간결한 맛을 주는 건물, 조용히 구경하는 사람들은 모두 고요하고 그윽한 분위기를 자아내고 있다. 시경(詩境)이다.

5
청뚜융링뽀우꽌
(成都永陵博物館 : 성도영릉박물관)

　중국에서 외국인이 당황하는 것은 한 장소(박물관·미술관·능원·기념관 등)의 이름이 여러 가지일 경우가 많다는 사실이다. 이 성도영릉박물관도 중국박물관지(1995년판)에는 성도왕건묘박물관으로 되어 있지만 중국박물관여유지남(1999년판)에는 영릉박물관으로 되어 있다. 또 현지에서는 융링이라고 택시기사에게 말하면 잘 모르고 왕지엔무(왕건 묘)라고 해야 통했다.

　어떻든 호텔에서 택시를 타고 왕건 묘를 찾아갔다. 대문 위에는 영릉(永陵)이라는 커다란 현판이 새겨져 있었다. 입장권에도 성도영릉이라 씌어 있었다. 당나라 말기에 촉나라(901-925)를 세운 황제 왕건(847-918)의 능호가 영릉이었기 때문에 이렇게 왕건 묘라고도 하고 영릉이라고도 하였던 것이지만 1998년부터는 영릉이라고 통일하고 능 동쪽에 새로 세운 박물관도 영릉박물관이라고 하게 되었다.

永陵（　王建墓）
YongLing(Wang Jan Tor

성도영릉 정문 : 당나라 말기 사천지방에서 촉(901~925)국을 세운 황제 왕건
(847~918)의 무덤인 영릉과 출토유물을 전시한 촉영루가 안에 있다.

영릉 입구 : 영릉의 크기(전체길이 30m, 실내길이 23.4m, 높이 11m)는 석실분으로는 큰 편이었다. 실내는 전·중·후 3실로 구성되어 있었다.

영릉 내부모습 : 바닥은 직사각형이고, 천정은 궁륭 형이었는데 중실 가운데에 는 관대가 유리장 안에 있 었다. 관대 옆면에는 많은 조각이 세밀하게 부조되어 있었다.

석조 12신상 : 석관대 주위에는 12신상이 둘러 있었는데 당나라 때 조각 수법인 사실주의 양식을 잘 반영하고 있었다. 모두 돌 조각품이다.

촉영루 : 전촉과 후촉의 역사유물을 진열하고 있는 촉영루(蜀永樓)는 유물을 5개 단위로
전시하고 있다. 건물 · 시설 · 유물이 다 훌륭하였다.

　먼저 능묘 내부(묘실 · 묘실지궁)를 보았다. 14도권(道券)으로 구
성되어 있고, 전중후 3실로 나눠져 있었는데 전체길이는 30m, 실내
길이는 23.4m, 높이 11m였다. 우선 천정이 높아서 시원스러웠다.
직경 80m, 높이 15m의 반구형봉토(半球形封土) 밑에 홍사암(한 개
의 크기는 세로 1.2m, 가로 0.28m, 높이 0.28m)을 층층이 쌓아 축
조(경주 석굴암의 후실처럼)하였다. 바닥의 중앙(중실)에는 능대(陵
台 · 棺床)인 금대(琴台)가 유리케이스 안에 있었다. 크기는 높이
0.84m, 길이 7.45m, 폭 3.35m다. 또 상상(床上)에는 5mm 두께의
민옥판(珉玉版)을 깔았다. 그런데 무엇보다 중요한 것은 이 관상(능

대)의 측면에 많은 부조(양각, 꽃·인물·새·풀 등을 정밀하게 조각)를 했다는 점이다. 특히 24명의 여자들이 악기를 연주하는 기악녀(伎樂女)의 모습은 1천1백여 년 전 당말 오대 때의 건축·음악·무용·복식·의식(儀式) 등을 연구하는데 귀중한 자료가 되고 있다. 즉 이 24기악석각유물은 당나라 때의 현란한 악무(樂舞)의 실물자료가 된다고 안내인은 자랑했다.

1942년 9월부터 1943년 9월까지 1년 동안 발굴하면서 수습한 유물과 기타 전후촉(前後蜀)시대 유물을 함께 전시하고 있는 박물관인 촉영루(蜀永樓)에서는 왕건묘와 전후촉사진열을 5개 단위로 하고 있었다. 특히 묘지(墓志)와 매지권(買地券)은 한국의 공주 무령왕릉에서 출토된 것을 보았기 때문에 비교하면서 볼 수 있었다. 중국문화유산기행의 참맛을 보면서 혼자 다닌다는 것은 행복한 고독이었다.

메 모

주소 : 성도시 무금동로 5호
전화 :
우편번호 : 610031
입장료 : 20원
휴관 : 연중무휴

111

싼싱투이뽀우꽌

(三星堆博物館 : 삼성퇴박물관)

　사천성에 와서 옛 파촉시대 문화유산을 찾아보는 마지막 장소로 정한 삼성퇴박물관은 왕복 140km나 되는 곳(성도시에서 북쪽으로 있는 광한시 삼성향)에 있었다. 진지앙호텔(錦江飯店)에서 아침 8시에 떠나 하오 3시에 돌아왔으니까 박물관에서 4시간쯤 관람한 셈이다. 2001년 1월 11일이었다.

　누런 빛깔의 독특한 건물은 하늘로 솟아오른 첨탑(尖塔)처럼 생겼는데 황토색, 발굴유물의 생김새, 주변 사적지의 지형 등을 조합하여 디자인한 것이다. 1992년 8월에 착공하여 1997년 10월 준공 개관하였다. 대지면적은 20ha, 주관면적은 7천㎡이다.

　지금으로부터 4천8백 년 전부터 2천8백 년까지(중원의 용산문화 시기에서 상말주초에 해당) 촉문화의 중심구역에 해당하는 곳이 성도평원이고, 광한의 삼성퇴는 고대 촉국의 중심 도읍이었다. 즉 삼성퇴문명은 고촉문명을 대표했다.

삼성퇴유적지의 발굴은 1930년대부터 시작되어 90년대에 끝났다. 각종 유물과 건축유지 및 성잠(城墻)유지가 발굴되었다. 12㎢나 되는 삼성퇴유적지 안에 있는 3㎢ 정도의 고성지(古城址)에 이 박물관이 세워져 있다. 건물·유물·진열방식·주변 정원 등이 모두 독특하고 기묘한 이 박물관을 보면서 필자는 앞서가는 중국고고미술사학계에 두려움까지 느꼈다. 한국에는 이처럼 크게 완벽하게 기기묘묘하게 만든 발굴현장 박물관이 아직 없기 때문이다. 4개의 전시실을 다니면서 본 유물 1천여 점 가운데 독특한 몇 개를 자세히 보면 다음과 같다.

파룡주형기(爬龍柱形器)→상대중기 유물인데 1986년 삼성퇴유지 1호 제사갱(祭祀坑)에서 출토되었다. 높이가 41cm나 되는 청동제 괴물이다.

통천신수(通天神樹)→나무·나뭇가지·용·새 등으로 만들었는데 상대유물이다. 높이가 348cm나 된다. 이 유물을 모방하여 12m나 되는 신수를 만들어 이 박물관의 중앙홀에 세웠다. 1층에서 4층까지의 높이다.

금면동인두상(金面銅人頭像)→상대말기 유물인데 1986년 제2호 제사갱에서 출토되었다. 높이 48.5cm이다. 눈·귀·코가 큼직큼직하게 생겼고, 이마·귀·코·볼 부분만 금도금을 하였다.

조두옥장(鳥頭玉璋)→상대중기 유물이다. 길이가 38cm, 폭8cm, 두께 0.8cm의 옥제품이다. 역시 괴물이다.

나선형의 진열실, 다단계식 진열장, 독특한 전시방법, 무섭고 묘하게 생긴 유물 등이 관람자를 사로잡는 박물관 내부를 다 보고 나

삼성퇴박물관 : 사천성 광한시에 있는 삼성퇴 박물관은 4천여 년 전에 있었던 고대 촉국의 유물을 전시한 현장유적박물관인데 시설·유물·전시방법 등이 탁월한 박물관이다.

금면동인두상 : 상대말기 기원전 15세기경에 만들어진 실제 사람 머리 크기와 비슷한 크기다. (높이 48㎝) 구리로 만들고 부분적으로 금도금을 하였다.

金面銅
商代晚期
高：48
1986

由
面部戴
相同的
鼻梁较
有一穿
小均与

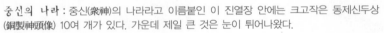

중신의 나라 : 중신(衆神)의 나라라고 이름붙인 이 진열장 안에는 크고작은 동제신두상 (銅製神頭像) 10여 개가 있다. 가운데 제일 큰 것은 눈이 튀어나왔다.

오면 잘 꾸민 정원과 호수 그리고 향토음식을 파는 매점 등이 기다리고 있다. 또 박물관의 동쪽 뜰에는 옛날식으로 만든 야외제단(祭壇)이 있는데 이곳에서는 가끔 여러 가지 공연도 열린다.

중국정부가 거액을 아낌없이 투자하여 세운 이런 박물관은 최근 여러 곳에서 볼 수 있다.

메 모

주소 : 사천성 광한시 서압자하반

전화 : 0838-5500349

우편번호 : 618300

입장료 : 30원

휴관 : 수요일

7
홍이앤꺼밍지니엔꽌
(紅岩革命紀念館 : 홍암혁명기념관)

중국문화유산기행(전3권)을 쓰기 위해 필자는 3차례에 걸쳐 56일 간 중국의 많은 곳(160여 개소)을 혼자 여행하면서 매일 일기(대학 노트 한 장씩)를 썼다. 청뚜에서 충칭(重慶)으로 간 날의 일기 머리 쪽을 보면 다음과 같다.

1월 12일(금), 섭씨 4-15도, 짙은 안개

성도에서 아침 8시 30분에 떠난 고속버스는 중경에 12시 20분에 도착했다. 짙은 안개 때문에 고속도로에서는 추돌사고도 있었다. 버스요금은 135원(한국돈 2만 원). 더럽긴 했지만 화장실까지 있어 서 편리했다. 유명한 지아링지앙(嘉陵江)이 양즈지앙(揚子江)으로 흘러들고, 치앙지앙싼샤(長江3峽) 댐공사에 국력을 쏟고 있고, 장 개석 정부의 본토에서의 마지막 보루였으며, 해방과정에서 수많은 사람이 죽었고, 대한민국임시정부 청사가 있는(1942-1945) 산악도

紅岩革命纪念館

简介

中国　重庆
CHONGQING　CHINA

RED CRAG

홍암혁명기념관 : 중국공산당중앙남방국과 팔로군주중경변사처 사무실로 쓰였던 홍암촌 13호 건물을 표지 사진으로 넣은 홍암혁명기념관 안내서의 겉표지.

시 중경에 왔다. 4개시 · 18개현 · 5개 자치현을 거느리고 있는 중경 시의 인구는 3천2백만 명이다. 한 나라에 해당한다. 엄청난 곳이다. 사람 많고, 볼거리 많고, 먹거리 많고, 낡은 차(버스 택시 등)도 많은 곳이다. 그러나 따리탕(大禮堂)과 함께 있는 호텔 런민빈꽌(人民賓 館, 4성급)의 내방은 크고 깨끗했다.

중경에서는 5곳을 보았는데 중국공산당의 혁명운동과 관계가 있 는 홍암혁명기념관이 가장 인상적이었고, 가락산열사릉원도 인상 적이었다. 물론 우리 임시정부가 있었던 곳을 찾아가 본 것도 뜻깊 은 일이었다.

이 글은 홍암촌에서 산 4권의 책(霧都明燈-紅岩 · 紅岩村 事 · 紅 岩革命紀念館 · 紅岩春秋)을 읽고, 산중턱에 있는 홍암촌(면적은 12만㎡)의 구석구석(기념관과 이곳저곳에 흩어져 있는 생활구역 · 사무구역 · 경작구역 등)을 살펴보고 쓴다.

앞이 잘 보이지 않는 안개(가시거리 50m 정도) 속을 걸어올라갔 다. 택시는 정문 입구에서 더 들어가지 못하게 했다. 가파른 언덕길 은 걷기에 매우 힘들었다. 기념관은 컸으나 내용은 빈약(소장품 약9 백 점)했다. 3층까지 빠른 속도로 본 후 나와서 친절한 여성안내원 의 설명을 들으면서 농장(갖가지 과일나무, 즉 복숭아 · 배 · 사과 · 매실 · 포도나무 등과 채소를 가꾸는 대유농장)을 둘러보았다. 농장 여주인과 세 자녀가 모두 공산당에 입당하고 황무지를 옥토로 가꾼 농장을 당에 헌납했기 때문에 1939년초 중국공산당중앙남방국과 팔로군주중경변사처를 이곳에 둘 수 있었다. 말하자면 농장이 적지

홍암촌의 주은래 사무실 : 홍암촌 13호 건물 2층에 있는 주은래(중경의 국민당 간부들
과 담판을 벌였던 공산당 대표)의 사무실 겸 침실. 5평 정도의 크기였는데 간소하였다.

내(장개석군의 작전구역 내) 본거지가 된 것이다. 1939년 5월부터 는 일본군 폭격기의 무차별 폭격도 있었다.

홍암촌 안에서 본 곳 가운데 몇 군데를 소개하면 다음과 같다.

중국공산당중앙남방국과 팔로군주중경변사처 건물→농장의 서북쪽 언덕 위에 있다. 밖에서 보기엔 2층인데 실제로는 3층인 회색 벽돌집이다. 입구는 가운데 있다. 1층에는 중경변사처의 문서과·총무과·교통운수과·경리과·경위반·회계실·의무실·전달실·통신실 등, 2층에는 남방국의 조직부·선전부·통일전선공작위원회·청년조·경제조·군사조·비서조·도서실·주은래와 동필무 등 당대표 7명의 사무실 겸 침실 등, 3층에는 남방국과 변사처의 중요 부서와 비밀 전신실·비밀문서 전송실 등이 있다.

홍암초대소→농장 노동자들의 숙소를 개조하여 만든 초대소(여관)인데 전국 각지에서 온 공작원, 단기훈련중인 간부, 해외에서 온 화교당원, 연안에서 온 당간부, 팔로군과 신사군 간부, 열사 유족 등이 머물던 곳이다.

예당(강당)→1945년초부터 짓기 시작하여 8월에 완공한 2층 건물인데 1층은 강당으로 썼고, 2층은 숙소로 사용하였다. 8월 30일 이곳에 온 모택동 당주석이 참석한 준공식이 거행되었다. 간판은 낙원(樂園)이다. 이곳에서는 노래부르기, 연극공연, 춤추기 등이 열렸다.

요국모구거(饒國模舊居)→홍암촌 여주인 요국모가 살던 작은 옛집이다. 3층집인데 1·2층은 가족이 살았고 3층은 남방국과 지하당의 비밀 연락장소로 사용되었다. 요여사는 해방(1949) 후 전국정협

위원을 지냈고 1960년 병으로 세상을 떠난 후(북경에서) 이곳에 묻혔다.

홍암공 묘→홍암촌 생활 8년 중 세상을 떠난 사람들의 공동묘지이다. 주은래의 부친·등영초의 모친·상해중앙국서기 황문걸 등 10여 명이 이곳에 묻혀 있다. 백색 대리석 등으로 잘 조성되어 있다.

필자는 이 홍암촌을 살펴보고 다니면서 공산당원들이 8년 동안(1939-1947)이나 이렇게 험난한 곳에서 온갖 고생을 하면서 한 가지 믿음(조국해방)으로만 산 것에 숙연해지고 말았다. 사상(모택동사상)과 훈련(게릴라식)은 무서운 것이다.

메모

주소 : 중경시 홍암촌 52호
전화 : 3862787
우편번호 : 630043
입장료 : 10원
휴관 : 연중무휴

8
중경대한민국임시정부구지진열관
(重慶大韓民國臨時政府舊址陳列館)

　　입장권에 인쇄되어 있는 한글이름은 대한민국임시정부청사전람관인 이곳은 중국에 있는 한국임시정부관계 유적지 중에서 제일 크고 번듯한 곳이다. 입구 벽에는 오른쪽에서 왼쪽으로 대한민국림시정부라고 고딕체 한글로 써 붙이기도 했다.

　　대한민국 임시정부는 1919년 3월 기미독립운동 후 중국으로 망명한 애국지사들이 상해에 모여 4월 11일에 결성하였다. 결성 후 10여년간 활동하다가 1932년 4월 상해 홍구공원에서 윤봉길의사의 의거사건(상해를 침략한 일본군 백천대장 등을 살해한 사건) 이후 항주·가흥·진강·남경·장사·광주·유주 등을 거쳐 1939년 3월 중경으로 옮겼다. 그리고 1945년 11월 서울로 환국할 때까지 6년간 중경에서 활발한 독립운동을 전개했다. 이때의 역사기록은 이곳 매점에서 팔고 있는 중국어책과 성신여대 이현희 교수의 대한민국임시정부독립운동사에 관한 책 등에 자세히 있으므로 여기서는 밝히지 않겠다.

회흑색 벽돌로 잘 복구된 이곳은 1995년 진열관이라는 이름으로 개관하면서 한국독립운동사 연구와 한중 우호증진에 기여하고 있다. 2층과 3층 건물이 좌우로 있는 가운데 계단은 가파르게 되어 있지만 잘 정비되어 있었고, 사무실·회의실·침실·접대실·주방 등도 깔끔했다. 상해 마당로에 있는 청사보다는 서너 배나 됨직하게 넓고 좋았다. 이곳을 복구하고 개관할 때 한국에서는 독립운동 연구학자·국사편찬위원회 위원장·국회의원·정부 관료 등 10여 명이 참석하여 엄숙한 개관의식을 행하기도 했다.

사무실과 침실 등에는 사진과 유물자료 등이 있어 관람자의 이해

대한민국임시정부구지진열관 입장권 : 중경시 연화지 38호에 있는 이곳은 찾아가기 힘들었다. 택시에서 내려 골목으로 찾아들어가야 한다. 중경에 있는 한국 식당의 도움으로 만든 입장권이다.

中國·重慶
大韓民國臨時政府舊址陳列館
대한민국임시정부청사전람관
THE SITE OF PROVISIONAL GOVERNMENT OF THE REPUBLIC OF KOREA

眞價 : ￥20元　重慶渝中區蓮花池 38 號　郵編：630010
電話：(0811)3820752 傳真：(0811)382075□

대한민국임시정부 중경청사 개관의식 : 1939년
3월부터 1945년 11월까지 사용한 청사를 한중수교
후 잘 수리, 복원하여 1995년에 진열관이라는 이름으
로 개관했다. 한국에서 관계인사들이 갔다.

임시정부 청사 외관 : 2층 또는 3층으로 되어 있는 청사는 가운데 계단으로 올라가게 되어 있다. 수리 복원을 잘 하여 깨끗하고 정리가 잘 되어 있다.

김 구 주 석 사 무 실 : 대한민국 임시정부 수립 때부터(1919 · 4) 참여한 김구 주석 (1876~1949)은 중국 장개석 정부의 도움을 받아 중경 청사를 마련했다. 사무실은 5평 정도로 간소했다.

임시정부 청사 회의실 : 2층에 있는 이 회의실은 이곳에 있는 방 가운데 가장 큰 것 중의 하나였으나 10여 평 정도다. 책상·의자·태극기 등은 모두 1940년대 것이다.

를 돕고 있었다. 김구 주석의 사무실은 다섯 평 정도였는데 책장·
책상·탁자·침대·의자·선풍기 등이 가지런히 잘 정리되어 있었
다. 그의 독립정신이 가득한 방이었다. 힘들게 찾아왔지만 잘 왔다
는 생각을 몇 번이나 했다.

메모

주소 : 중경시 유중구 연화지 38호
전화 : 0811-3820752
우편번호 :
입장료 : 20원
휴관 : 월요일

9

시한난위에왕무뽀우꽌

(西漢南越王墓博物館 : 서한남월왕묘박물관)

중경공항을 아침 8시 10분에 떠난 비행기(사천항공 341班機)는 정확하게 1시간 10분 만에 동남부에 있는 광주공항에 착륙했다. 국내외 90개 도시에 취항하고 있는 꽝저우지창(廣州機場)은 시내에 가까이 있었다.

광주는 주강삼각주(珠江三角洲) 북부에 있는 역사도시여서 고적과 문화유산이 많다. 이곳은 진한 이래 영남지구의 정치 · 경제 · 문화중심지여서 옛날부터 중국의 남대문이라는 말을 들었다. 주나라 때인 2천5백 년 전에 초정(楚庭)이라 한 광주에 한나라 초기에는 남월국(南越國)이 건국했고, 오나라 황무5년(226)에는 광주(廣州)가 설치되었다. 그러니까 광주라는 이름의 도시는 1천8백 년 전에 탄생한 셈이다. 당나라 때는 세계적인 항구가 되었고, 시박사(市舶司)가 설치되어 세관업무가 시작되었다.

1840년 아편전쟁이 일어난 후부터 광주는 외세와 싸우는 도시,

MUSEUM OF THE WESTERN HAN DYNASTY MAUSOLEUM OF THE NANYUE KING, GUANGZHOU

西漢南越王墓博物館

地址:廣州市解放北路867号 电话:86664920 票价:12.00元 越南越 (1) 0029318

서한남월왕묘박물관 입장권 : 중국고고미술사학자들이 옛날 무덤
이나 유적지를 발굴한 후 현장에 세운 박물관 가운데 가장 짜임새
있는 박물관이라고 느꼈다. 교통도 편리해서 관람객이 많았다.

132

혁명영웅의 도시, 반봉건도시가 되었다. 그래서 신해혁명(1911)도
이곳에서 시작되었다. 그리고 광주는 1982년에 중국의 역사문화도
시 24개 중 하나가 되었다. 광주에는 화림사 · 석문 · 광효사 · 육용
사화탑 · 진해루 · 해당사 · 조두대 · 진씨서원 · 가톨릭성당 · 황화
강72열사릉원 · 황포군관학교터 · 손중산기념비 · 광주농민운동강
습소터 · 광주기의열사릉원 · 중산기념당 · 광동성박물관 · 광동혁
명역사박물관 · 광주박물관 · 서한남월왕묘박물관 · 광주미술관 ·
광주민간공예관 · 광주노신기념관 등 20여 곳의 문화유산이 있다.
필자는 3박4일 동안 광주에 머물면서 이 가운데 13곳을 보았고 이
책에는 6곳을 소개했다.

첫 번째 본 곳이 서한남월왕묘박물관이었다. 중국 남방에서는 제
일 잘 꾸민 고묘유지(古墓遺址) 박물관이다. 1983년 여름 대형석실
(전7실) 안에서 문제행새(文帝行璽)라는 금인(金印)이 발굴됨으로써
이 무덤이 2천2백여 년 전 지방 정권인 남월국의 왕묘임이 입증되
었다. 묘주는 옥의를 입고 있었고, 주변에서는 진주침을 비롯하여 1

복원된 묘실
과 묘도 : 남
월왕묘는 모
두 7개의 방
이 지하 20m
에 있었다. 2
천2백 년 전
에 축조되었
으나 석실분
이어서 튼튼
했고, 도굴되
지 않아 많은
유물이 출토
(1983)되었다.

복원된 옥의 : 고대 중국에서는 통치자가 죽으면 방부처리를 하고 수천 쪽의 옥편으로
옷을 만들어 입힌 후 매장하는 경우가 있었다. 남월왕도 그랬다.

도금호랑이 : 구리로 만들고 부분적으로 금도금(줄무늬 쪽만)을 한 호랑이(길이 18.5㎝)
는 출토유물 1천2백여 점 가운데 귀물 중의 하나이다.

백50여 점이나 되는 많은 옥제품(옥벽·옥배·옥합·옥대 등)이 발굴되었다. 그리고 15명의 남녀 순장인도 있었다. 물론 기타 유물(청동기·금은기·악기·식기·편종·갑주·직물·도자기 등)도 1천 2백여 점이나 출토되었다.

광주시는 이 남월왕 묘를 다 발굴한 후 현장을 보존하고 그 앞에 박물관(2층과 3층, 건축면적 8천6백㎡)을 짓고, 종합진열관(1988)과 주체진열관(1993)을 개관하였다. 관람구는 3개 구역으로 되어 있다. 즉 종합진열관·고묘보호구·주체진열관 등이다.

진열실은 5개인데, 모두 큼직큼직하고 좋은 유물이 잘 전시되어 있다. 유물 가운데에서는 옥의, ·71개의 옥벽(둥근 옥제품), 36개의 청동정(발이 셋인 솥), 39개의 동경(구리거울), 23개의 금은도장, 2백여 개의 도침과 자침(베개) 등이 좋았다. 고대 남방문화의 화려함이 잘 나타나 있었다.

이 박물관을 관람하면서 필자는 문화유산이 도시발전에 방해가 되는 것이 아니라 잘 보존 관리하면 얼마든지 관광객을 끌어들여 돈을 벌 수 있다는 것을 실감하였다.

闷 12

주소 : 광주시 해방북로 867호
전화 : 86664920
우편번호 : 510030
입장료 : 12원
휴관 : 월요일

10
쭝산지니엔탕
(中山紀念堂 : 중산기념당)

중산 손문(1866-1925)을 기념하는 곳(기념관·기념당·고거·
기념비·묘 등) 가운데 광주에 있는 중산기념당은 제일 먼저 세워
진 곳이다. 손문이 1911년 신해혁명을 일으키고 중화민국의 초대 총

광주중산기념당 외경 : 중국의 국부인 중산 손문(1866~1925)을 추모하고 기념하는 기념관은 중국의 여러 도시에 많은데 이곳 중산기념당이 가장 첫번째이면서 짜임새있다.

손중산 동상 : 손문의 동상이나 석상(전신입상과 좌상 등) 역시 중국의 여러 도시에 많으나 이곳의 동상이 표준이 될 정도로 좌대도 크고 아름답고 당당하다.

중산당 내부 : 직경 71m나 되는 둥근 공간에 기둥 하나 없이 세워진 중산당 중앙 홀에는 의좌가 3천2백38개나 있다. 70년 전 건축물이다.

통에 취임했던 총통부 자리에 세운(1931) 것이 전통중국건축양식의 8각형 건물이다. 장엄하면서도 웅건하다. 직경 71m나 되는 공간에 기둥 하나 세우지 않아서 실내에서 보면(좌석 3천2백38개) 엄청난 느낌을 준다. 이 건물의 높이는 47m나 된다.

기념당 옆 손중산사적전람관의 여러 방에는 손문 관계 사진과 유물이 전시되어 있다. 물론 남문(정문) 쪽에는 손문 동상(지팡이를 짚고 있는)이 있다. 좌대가 높고 화려하여 눈에 띈다. 이 기념당이 이렇게 잘 보존되어 있는 것은 1998년에 대대적인 보수공수를 했기 때문이다. 중국은 경제적인 여유가 생기면서 계속 문화유산 복원 수리 사업에 열중하고 있다.

메모

주소 : 광주시 동풍중로 259호
전화 : 02083552030
우편번호 : 510030
입장료 : 10원
휴관 : 월요일

11
꽝저우뽀우꽌
(廣州博物館 : 광주박물관)

시내 중심에 있는 아름다운 월수산공원 안에 있는 광주박물관은 전통양식의 5층(높이 28m) 건물이었다. 광주전역과 강과 바다가 보이는 높은 지대에 있다. 명나라 홍무13년(1380)에 지은 건물인 진해루(바다를 누르는 집)다. 주변에는 명청시대에 쌓은 성터도 남아 있다. 말하자면 고색 창연한 박물관이다. 1928년 11월 개관할 때의 이름은 광주박물원이었으나 1955년에 현재의 이름으로 바꿨다. 대지면적은 4천4백㎡이나 공원이 다 대지인 셈이어서 매우 쾌적한 느낌을 준다. 소장품 2만여 점과 4만5천여 권의 도서를 가지고 있다. 주로 광주시와 광동성 관계의 유물과 도서들이다. 본관(진해루) 서쪽에는 1964년에 세운 비랑과 포좌가 있다. 비랑에는 23개의 옛날 비석이 있고, 포좌에는 옛날 이곳에서 만든(명 숭정년간부터 아편전쟁때까지) 대포와 독일제 대포(1문)가 전시되어 있다.

이 박물관에서 볼 만한 유물 몇 가지를 소개하면 다음과 같다.

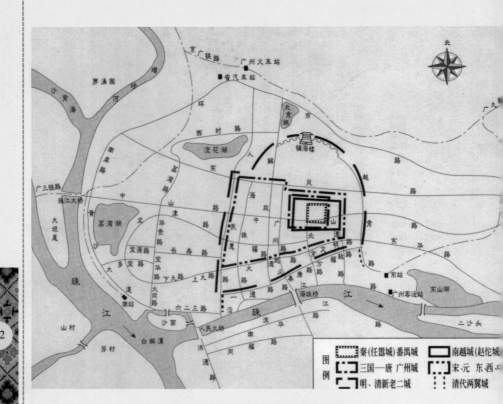

광주고대성지 변천도 : 진대(기원전 3세기)부터 청대말(19세기)까지 광주의 성터
가 어떻게 변했는가를 보여주는 지도다. 광주박물관 건물인 진해루는 가운데 위쪽
에 있다.

진해루(광주박물관 건물) : 외부는 벽돌, 내부는 목재로 만든 (1380) 진해루(5층)를
1928년에 내부도 콘크리트로 고쳤다. 중국에 있는 박물관 가운데 가장 독특한 건물이다.

동한시대의 도선 : 도기로 만든 이 배(陶船, 도
선)는 동한 (후한, 25~210)시대 작품인데 광주
시 선열로에서 출토되었다. 1천8백여 년 전 중국
배의 모습을 잘 보여주고 있다.

칠기합→1953년 서촌에 있는 진나라 때 묘에서 출토된 것인데 번우(蕃禺)라는 도장이 찍혀 있다. 2천 2백여 년 전 유물이다.

도선→도기로 만든 배인데 한나라 때 묘에서 출토된 것이다. 광주에서는 옛날부터 배를 잘 만들었다는 것을 알 수 있는 유물이다. 5-6백 명이 탈 수 있는 배도 만들어 광박(廣舶)이라는 말도 들었다.

물시계→원나라 때 구리통으로 만든 물시계인데 꼭 조선시대 물시계(서울 덕수궁에 있는)와 비슷하다. 8백 년이나 된 귀중품이다.

광주지방 출토품(주로 서한시대 묘에서 나온)을 중심으로 광주 역사문물을 진열 전시하고 있는 이 박물관을 나오면서 광주시립박물관이구나 하는 생각을 했다.

메모

주소 : 광주시 월수산공원 진해루
전화 : 83550627
우편번호 : 510040
입장료 : 20원
휴관 : 연중무휴

12
황화깡리에스링위엔
(黃花崗烈士陵園 : 황화강열사릉원)

    광주시의 선열중로와 항복로 사이에 있는 황하강공원은 황화강열
사릉원이라고도 하는데 중산3로에 있는 광주기의열사릉원과 함께
광주에서 일어났던 혁명에 참가했다가 목숨을 잃은 열사들을 모신
유명한 능원 공원이다. 황화강열사릉원에 묻힌 열사(72명)들은
1911년 4월 손문이 이끈 동맹회 회원들이고, 광주기의열사릉원에
묻힌 열사들은 1927년 중국공산당이 주도한 광주소비에트가 실패
하면서 죽은 열사들이다.

    13만㎡(4만 평)나 되는 넓은 황화강공원은 백운산의 남쪽에 있는
데 정문도 우람할 정도로 크다. 정문(牌坊, 높이 13m)에는 손문의
글씨(浩氣長存)가 새겨져 있다. 2백m나 되는 묘도를 따라 올라가면
72열사 묘가 있고 그 뒤에 기공방(紀功坊)이 있다. 열사들의 공을
돌에 새겨 둔 곳이다.

    황화강(국화꽃 언덕)에 열사 묘를 조성하기 시작한 것은 1911년

10월 10일 중화민국이 성립된 다음해(1912)부터였고, 1921년에는 72열사 묘와 기공방이 준공되었다. 그 후 다시 심사를 거쳐 86명의 열사도 따로 모셨다.

황화강공원 안에 있는(주로 동쪽의 묘역) 주요 건물과 묘를 보면 다음과 같다.

비정 · 번달미묘 · 용주 · 비기정 · 손중산기념식수(소나무) · 범홍태묘 · 신해혁명열사묘구 · 육각정 등이다.

공원이어서 정자 · 못 · 식당 · 테니스코트 등도 있다. 아주 깨끗하게 관리하고 있어서 유럽이나 미국에서 본 공원묘지보다 결코 못하지 않다는 느낌을 갖게 되었다. 강한 나라, 부자나라, 선진국일수록 이런 곳을 잘 관리하는 것이다. 부러웠다.

황화강열사릉원전경 : 손문이 호기장존(浩氣長存)이라고 쓴 글씨가 새겨진 대문을 지나면 열사들의 공로를 세겨 세운 기공방(紀功坊)이 있고 그 뒤에 여러 능묘가 있다.

용주 : 두 마리 청룡을 조각하여 세운 기둥인 용주(龍柱)는 1926년 3월에 국민당 안남 당부에서 만들었다. 푸른 하늘을 날아 오르는 용의 모습이다.

기공방(紀功坊): 72열사의 공로를 새긴 돌 72개를 피라미드처럼 쌓고 그 위에 자유의
여신상을 세웠다. 유해는 그 아래 석실 안에 안치하였다.

석패방 : 황화강열사릉원을 다 보고 후문 격인 붉은 철문으로 나오면 좌우에 석패방(石牌坊)이 있다. 청석으로 만들었는데 서양식이다.

13
천쓰수위엔
(陳氏書院 : 진씨서원)

역사도시인 광주에는 서원과 사당도 많이 남아 있다. 진씨서원·
증씨대종사·자정대부사·등씨종사·예장서원·장씨대종사 등이
다. 이 서원들은 일반적으로 관립서원, 청말 관리들과 지방유지들
의 사교와 회의 장소 역할을 한 문란서원 또는 서실, 각 성씨의 종사
(宗祠)를 위한 서원 등 셋으로 나눌 수 있다. 관립서원으로는 오수
서원·월학서원·응원서원·광아서원 등이 있는데 지금은 광아(廣
雅)서원만 남아 있다. 문란(文瀾)서원은 청말 가경년간에 서양과 무
역을 하던 상인들이 세운 것이다. 종사를 위한 서원은 동성자제들
이 각지에서 광주로 와서 시험(과거)을 볼 때 머물도록 하기 위함과
조상숭배를 위하여 세운 것이다.

진씨서원은 진가사(陳家祠) 라고도 하는데 1백여 년 전인 1888년
(광서14)에 착공하여 1894년에 완공하였다. 크고작은 건물 19채가
1만5천4백㎡ 대지에 자리잡고 있다. 중국고대 광동지방 건축양식

진씨서원 대문 : 종사(宗祠)를 위하여 광주·복건지방에 사는 진씨들
이 1894년에 세운 진씨서원은 크고작은 건물 19채로 이루어져 있
다. 진가사(陳家祠)라고도 한다.

진씨서원 후당의 신감 : 진씨서원 뒤에 있는 후당(後堂)의 신주를 모시는 곳인 신감(神龕)의 모습이다. 향로와 촛대가 있는 엄숙한 성소(聖所)이다.

진씨서원 서재 내경 : 진씨서원의 서쪽에 있는 건물인 서재(書齋) 안 모습인데 진씨가문의 대소사를 종친들이 모여 앉아 의논하던 방이다.

백오관사 : 진씨서원 가운데 가장 아름다운 건물인 백오관사(百粤冠祠)는 중국 영남지
방 건축양식의 모범이 되고 있다. 화려 섬세한 장식이 특징이다.

으로 지어진 이곳은 화려 섬세한 건축미와 넓고 아름다운 정원이 아울러 명소가 되었다. 광동지방에서 제일 큰 서원인 이곳은 목조 각·석조각·벽화 등이 특히 눈부시다. 벽화 등 그림은 영남지방의 자연을 잘 보여주고 있다.

이 진씨서원은 1959년부터 광동 민간공예 박물관으로 사용하고 있다. 그래서 이곳을 들어가 보면 건물마다 크고작은 민간공예품 (도자기·조각품·자수·전지제품·유리제품 등)을 전시 판매하고 있다.

메 모

주소 : 광주시 중산7로 진가사

전화 : 81814559

우편번호 : 510170

입장료 : 10원

휴관 : 연중무휴

<u>14</u>

광둥성뽀우꽌

(廣東省博物館 : 광동성박물관)

　광주에서 광주지역의 역사와 문화유산을 볼 수 있는 박물관은 광주박물관(월수산공원 안에 있는 진해루) · 광주기의열사릉원 안 서쪽 문에 있는 광주근대사박물관(광주혁명역사박물관과 함께 있다) · 광동성박물관 등 세 곳이다. 필자는 이 세 곳을 다 관람했는데 광주박물관은 앞에서 소개하였고, 광동성박물관이 광주근대사박물관 보다는 크고 역사도 오래 되었기 때문에 여기서 소개하고자 한다.

　광주노신기념관을 옆에 두고 있는 광동성박물관은 1960년 4월 개관하였다. 건축면적은 1만4천㎡이고(13개 진열실) 소장유물은 12만4천8백여 점이다. 유물은 역사문물 · 출토문물 · 근현대문물 · 민족문물 등으로 구성되어 있다. 이 유물들은 광동고대사진열과 광동근대사진열 등으로 크게 나뉘어 진열되어 있다. 근대사 관계유물은 아편전쟁 · 태평천국시기 · 광동 인민의 반봉건 반침략 운동 · 양무

广东省博物馆 参观券
GUANGDONG PROVINCIAL MUSEUM

이가 0008409

票价00元

광동성박물관 입장권 : 광주와 광동성지역
의 역사와 문화유산을 볼 수 있는 성립박물
관인데 1960년에 개관하였고, 소장유물은
12만여 점이다. 1층에서는 수시로 특별전을
열고 있다.

도자기정품전실 : 광동성박물관 소장 도자기 가운데 우수한 유물인 정품 3백여 점을 가지고 연 도자기정품전실 모습이다. 꽤 좋은 도자기들이 있었다.

해상실크로드 역사유적실 : 동서무역로였던 실크로드(비단길)는 육로와 해로 두 방향이 있었는데 광주에서 시작되는 해상 실크로드는 남송시대(12세기 중엽)부터 생겼다.

운동 · 유신운동 · 손문의 초기혁명운동 · 광주지역 무장봉기 · 광주기의와 무창기의 등에 관한 것이다.

필자가 찾아갔을 때(2001.1.16)는 광동성개혁개방성취전과 도자기정품전 등 두 특별전도 열리고 있었다.

메 12

주소 : 광주시 문명로 215호

전화 : 020-83832195

우편번호 : 510110

입장료 : 8원

휴관 : 월요일

15
샹캉리스뽀우꽌
(香港歷史博物館 : 홍콩역사박물관)

　1백55년 동안(1842년 남경조약 이후부터) 영국의 식민지였던 홍콩(香港, 샹캉)은 지금은(1997년 7월부터) 중화인민공화국의 특별행정구가 되었다. 그래서 관청에는 5성 홍기와 홍콩기가 함께 걸려 있고, 사람들은 광동어와 보통어(북경 표준어)를 함께 쓰고 있다. 한자도 번체자와 간체자를 함께 쓰고 있다. 정치는 홍콩 출신 행정장관이 맡고 있으며 경제활동은 자본주의국가처럼 완전히 자유롭다. 일당(공산당) 독재가 아니어서 사상과 언론도 자유롭다. 공산당을 무섭게 비판하는 말도 자유롭게 한다.

　가 볼수록 홍콩을 장사꾼들이 사는 무역항구로만 알고 있으면 잘못이라는 것을 알게 된다. 오래 머물고 자세히 살펴볼수록 홍콩에도 전통문화가 있음을 이해하고 사랑하게 된다.

　홍콩에는 10여 개의 박물관과 문화유적지가 있다. 즉 홍콩박물관 · 홍콩예술관 · 홍콩태공관 · 홍콩과학관 · 다구문물관 · 홍콩이

164

홍콩역사박물관 뉴스레터 : 홍콩역사박물관이 2001년 1월부터 3월까지의 행사를 안내한 뉴스레터 표지다. 본관 소식 외에 3개 분관과 1개 민속관의 행사를 자세히 안내했다.

香港歷史博物館

通訊

NEWSLETTER

香港

歷史博物館

HONG KONG MUSEUM OF HISTORY

2001年1月至3月 January to March 2001

ral Services Department

중국문화유산기행 ●Ⅲ

홍콩해방박물관 : 홍콩역사박물관의 분관으로 개관한 해방(海防)박물관은 홍콩섬의 빅토리아항 동쪽에 있던 영국 해군기지(포대)를 현대적으로 꾸민 곳이다.

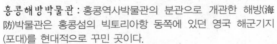

나옥민속관 : 전형적인 3간양랑(3間兩廊)의 커지아족 시골집(客家村屋, 객가촌옥)인 나옥
민속관은 본채를 수리하고 그 옆에 진열관을 새로 지어 개관했다.

정옥한묘박물관 · 홍콩나옥민속박물관 · 홍콩철로박물관 · 서씨예술관 · 홍콩역사박물관 · 홍콩문화박물관 · 홍콩해방(海防)박물관 등이다.

홍콩역사박물관은 3개 박물관(홍콩역사박물관 · 홍콩해방박물관 · 이정옥한묘박물관)과 1개 민속관(나옥민속관)으로 이뤄졌는데 본관은 구룡에 있는 역사박물관이고, 분관은 기타 3개 관이다. 전시는 각각 독자적으로 하고 있지만 행정과 프로그램짜기 등은 본관에서 일괄적으로 한다.

1975년에 개관한 홍콩역사박물관은 고고유물(매그리오니신부 수집품 · 퍼핀신부 수집품 · 홍콩고고학회 발굴품 등) 자연역사유물(암석 · 광물 · 패각 등 홍콩지역) 민속품(농구 · 가구 · 농어민 용구 · 관혼상제용품 등) 홍콩역사유물(사진 · 엽서 · 문헌 · 편지 · 교과서 등) 등을 수집 소장 전시 연구하고 있다. 따라서 홍콩에서는 유일한 종합 고고박물관이라 하겠다.

이정옥한묘박물관은 구룡반도 서북해안에서 1955년 8월에 발견 발굴된 한나라 때 묘(十字型塼室墓)를 보존하기 위해 현지에 세운 현장박물관이다. 58점의 도기와 청동기 등을 함께 전시하고 있다.

나옥민속관은 구룡반도에서 바다 건너에 있는 홍콩섬의 산 속에 있다. 2백여 년이나 된 커지아족의 시골집(客家村屋)이다. 집주인의 성씨가 나씨(羅氏)여서 나옥민속관이라 했다. 1990년 1월에 개관했다.

해방박물관은 홍콩섬 빅토리아항의 동쪽 입구에 있던 영국 해군 기지(포대)를 멋있게 박물관으로 꾸민 것이다. 장갑차 · 대포 · 각종

한묘외관 : 이정옥 한묘박물관 진열실 뒤에 있는 한묘(한나라 때의 십자형 전실묘)의 겉 모습이다. 1955년 8월에 발견 · 발굴 후 복원한 것이다.

무기·군복·포대 등이 박물관 안팎에 있어 볼거리가 많다.

군박
주소 : 구룡 칠함도남 100호
전화 : 2724-9042
우편번호 :
입장료 : 10원
휴관 : 월요일

16

샹캉커쉬에꽌
(香港科學館 : 홍콩과학관)

　필자는 어릴 때부터 문·사·철(文·史·哲 즉 문학·사학·철학)을 좋아하였지만 과학 쪽에도 많은 관심을 가지고 자랐다. 초등학교 때도 비행기는 왜 하늘에서 떠서 갈 수 있을까. 비행기를 어떻게 만들까 등 왜와 어떻게라는 질문을 많이 하면서 자랐다. 과학은 인간의 생활을 편리하게 하고 문사철은 인간의 정신을 풍요롭게 한다고 지금도 믿고 있다.

　그래서 중국문화유산기행을 하면서 어떤 도시에 가든 그 도시와 도시사람들의 과학에 대한 관심과 수준을 알기 위해 과학관이나 자연사박물관을 꼭 찾아가 보았다. 홍콩에서도 그랬다. 두 곳(과학관과 태공관)을 보았는데 과학관은 일반과학 쪽이었고 태공관은 우주과학 쪽이었다. 두 곳 다 최신식 건물에 첨단시설을 했는데 홍콩과학의 오늘과 앞날을 보여주고 있었다. 모든 안내문과 간행물은 중국어(번체자로 쓴)와 영어로 되어 있었다.

홍콩과학관을 찾아간 날(1월 17일)은 수요일이어서 무료관람일이었다. 인파, 특히 청소년으로 넘치고 있었다. 지하층에는 광학·생명공학·음성학·컴퓨터·기상학·지리학·수파학·역학 등을 세분한 전시실과 실험실이 있다. 신기한 듯 눈을 반짝이면서 이것저것을 만지고 조작해 보는 어린이들이 대견스러워 보였다.

1층은 컴퓨터실·자기와 전기실·직업안전건강전람실·강연실·안내실 등이 있는데 성인들이 많았다. 2층은 건축공정·통신기술·가정과학기술·식품과학·교통 등에 관한 정보와 지식을 알 수 있는 전시실들이 있었다. 3층에는 에너지효율센터가 있었다. 에너지를 어떻게 효율적으로 관리하는가에 대한 교육센터인데 어릴 때부터 철저한 교육을 실시하고 있는 것 같았다.

이 과학관은 관람일과 관람시간이 요일마다 다른 게 특이하다. 즉 화·수·금요일은 하오 1시부터 밤9시까지, 토·일요일은 상오 10시부터 밤 9시까지 개관하고, 월요일과 음력 정월 초하루와 그 다음날은 휴관한다. 물론 수요일은 언제나 무료 개관한다.

과학관과 태공관은 같은 크기와 비슷한 쪽수의 안내책자(뉴스레터)를 매 3개월마다 발행하고 있고, 서점과 박물관 등에서 무료 제공하고 있다.

메모

주소 : 홍콩 구룡 침샤추이 동부과학관도 2호
전화 : 2732-3231
우편번호 :
입장료 : 25원
휴관 : 월요일

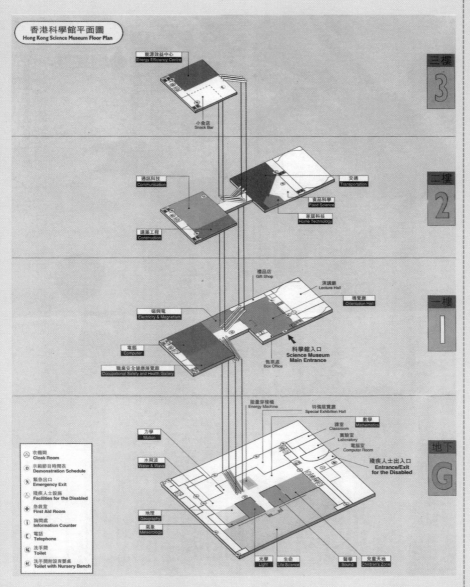

홍콩과학관 평면도 : 사진촬영을 엄격하게 금지하고 있는 홍콩과학관에서 얻을 수 있는 것은 참관지남(參觀指南)뿐이었는데 그 안쪽에 있는 평면도이다.

중국문화유산기행 ●Ⅲ

3

타이완(台灣)의 문화유산

1
타이완스
(台灣史 : 대만사)

　필자는 30년 전 3년간 타이베이(台北)에 유학하면서도 보지 못했던 곳을 이번 문화유산기행 중(1월 19일−22일까지 4일간) 많이 보았다. 대만은 아름다운 섬이다. 중국의 23개 성 가운데 제일 작고 제일 적은(2천3백만 명) 섬나라다. 중국은 하나라고 하지만 대만은 아직도 중화민국(2001년은 중화민국 90년이다)이다. 필자는 중국 본토를 갈 때는 명동에 있는 중국대사관에서 비자를 받았고, 대만을 갈 때는 광화문에 있는 대만연락사무소에서 받았다. 한국과 중화민국(대만정부)과는 외교관계가 없기 때문이다.

　대만이 세계에 알려진 것은 17세기부터였고(아름다운 섬 호모사라는 이름으로) 18세기부터는 복건성과 광동성으로부터 많은 중국인(주로 커지아족)이 옮겨와 살기 시작하였기 때문에 정식으로 중국영토가 되었다. 중국 본토로부터의 한족의 이주는 대만의 정치·경제·문화 등 모든 면에서 대만의 중국화를 촉진시켰고 대만 원주

台湾省

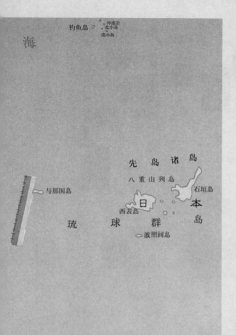

海

钓鱼岛　　　沖南岩
　　　　　　北小島
　　　　　　南小島

先　島　诸　島

八　重　山　列　島

与那国岛　　　　　　　　　　　石垣岛

西表岛　　日　　　　　本
　　　　　　　　　　　　　　島
琉　球　群　岛
　　　　　　　波照间岛

平　　　　洋

대만성 지도 : 아름다운 섬 호모사라는 이름으로 17세기부터 세계에 알려진 대만은 중국 땅이지만 아직도 국제사회에서 중화민국으로 남아 있어 여러 가지 복잡한 문제를 낳고 있다.

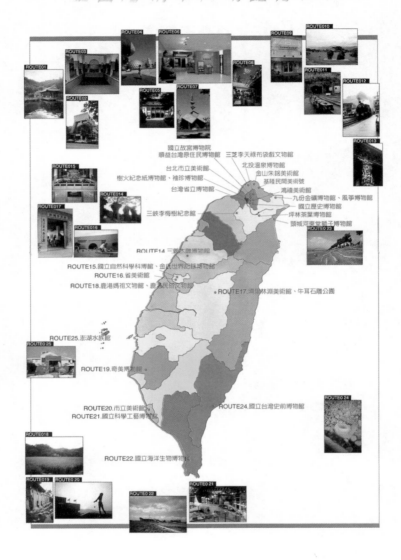

全台灣精華博物館分佈圖

ROUTE01 ROUTE02 ROUTE03 ROUTE04 ROUTE05 ROUTE06 ROUTE07 ROUTE08 ROUTE09 ROUTE010 ROUTE011 ROUTE012 ROUTE013

ROUTE015 ROUTE014 ROUTE017 ROUTE016

國立故宮博物院
順益台灣原住民博物館　三芝李天祿布袋戲文物館
台北市立美術館　北投溫泉博物館
樹火紀念紙博物館、袖珍博物館　金山朱銘美術館
台灣省立博物館　基隆民間美術號
鴻禧美術館
九份金礦博物館、風箏博物館
國立歷史博物館
坪林茶葉博物館
頭城河東堂獅子博物館
三峽李梅樹紀念館

ROUTE0 23

ROUTE14.三義木雕博物館
ROUTE15.國立自然科學科博物館、金氏世界記錄博物館
ROUTE16.省美術館
ROUTE18.鹿港媽祖文物館、鹿港民俗文物館
ROUTE17.清雲林湖美術館、牛耳石雕公園

ROUTE25.澎湖水族館
ROUTE0 25
ROUTE19.奇美博物館

ROUTE20.市立美術館
ROUTE21.國立科學工藝博物館
ROUTE24.國立台灣史前博物館
ROUTE0 24

ROUTE018
ROUTE22.國立海洋生物博物館

ROUTE019 ROUTE0 20 ROUTE0 22 ROUTE0 21

180

대만박물관 분포도 : 한국의 3분의 1 정도 되는 땅인 대만에는 100여 개의 박물관·미술관·기념관 등이 있다. 이 가운데 40여 개가 대북에 있다.

민(고산족 또는 번족)과의 갈등도 가져왔다. 이런 갈등과 대립은 청나라 강희·건륭황제 때 있었던 소요사건의 원인이 되기도 하였다. 청나라는 1716년(강희 55)부터 대만방지(方志)를 편찬하기 시작하였다.

대만은 청나라가 일본과 싸워(청일전쟁) 진 후부터 50년간(1895-1945) 일본의 식민지가 되었기 때문에 중국 본토와는 단절되었는데, 이것이 장개석 정부가 대만으로 옮겨온(1949) 후에 더 복잡한 문제를 일으키게 되었다. 장개석 국부군은 마지막으로 본토에서 철수하기 전인 1947년 2월 대만 주민의 저항을 심하게 받았고 그 저항(대만민주화운동)을 무차별로 진압하였기 때문에 그 후유증은 계속되었다. 물론 장개석은 계엄통치로 독재체제를 30년 이상 유지하면서 국민당 일당독재를 계속하였다. 그러나 1971년 유엔회원국의 자격을 박탈당한 후부터는 야당세력(민진당 등)이 강해져 대만 출신들이 정치와 행정분야에 진출하게 되었고, 계엄령도 해제하게 되었다. 정치권력은 장개석(1887-1975)과 그의 아들 장경국(1909-1988)으로 이어졌으나 1990년대부터는 대만 출신이 총통으로 선출되기도 하였다. 따라서 행정원과 입법원은 양당(국민당과 민진당)이 지배하게 되었고 민주화가 급속히 진행되었다.

이제 남은 문제는 하나의 중국에로의 통일문제(소위 양안문제)인데 이 역시 간단하지는 않을 것 같다. 이산가족들은 서로 방문(대륙과 대만을)을 계속하고 있지만 대만에서는 통일을 원치 않는 민심도 대단한 편(홍콩주민과 비슷하게)이어서, 또 미국의 간섭과 이해관계가 얽혀 있어서 하나의 중국이 되고 정치체제가 하나로 된다는 것(두 쪽이 모두 완벽한 민주정치 체제로 되어)은 시간이 많이 걸릴 것 같다. 경치 좋고, 생활이 풍족하지만 좁은 섬에서 사는 대만인들의 정치전망은 밝지 않다고 하겠다. 그런 분위기는 여행 중에 얼마든지 느낄 수 있었다.

2

꾸궁뽀우위엔

(故宮博物院 : 고궁박물원)

타이완성(台灣省)을 통치하고 있는 중화민국은 정부기관명칭에 국립(國立)이라는 말을 붙이기 좋아한다. 국립이라는 명칭을 붙인 박물관은 고궁박물원·자연과학박물관·과학공예박물관·해양생물박물관·대만사전박물관·역사박물관 등 6곳이나 된다. 대만에는 이외에 성립(省立)·시립·사립박물관도 60여 개가 더 있다. 그러니까 대만에는 1백여 개의 박물관·미술관·기념관 등이 있는 셈이다. 이 가운데 대북에는 40여 개가 있다.

국립고궁박물원(중국 본토에서는 대북고궁박물원이라 한다. 소장품은 60만 점.)은 대북(타이베이)의 양명산 남쪽에 있는데 북경(뻬이징)에 있는 고궁박물원의 규모와 소장품에 결코 뒤지지 않는 세계적인 박물관이다.

1911년 중화민국의 건국과 함께 성립한 고궁박물원(정식개관은 1925년부터)은 항일 전 8년 동안(1937-1945) 상해·남경·중경 등

지로 옮겨다니면서 소장유물을 잘 관리했으나, 1949년 2월 장개석
정부는 전체 유물의 5분의 1정도를 대만으로 옮겼다. 이후 1957년
3월 대만성 중부에 있는 대중(타이중)에서 임시로 국립고궁박물원
을 개관하였고, 1965년 11월 12일 국부 손중산 탄생기념일에 대북
의 현재 본관건물을 준공하고 정식으로 개관하였다. 그래서 중산박
물원이라고도 한다. 그리고 1966년 10월에 고궁40년사(故宮四十
年)를 발간하였다. 도서문헌관 등이 있는 별관은 1982년에 건설되
었다. 고궁박물원의 동쪽에 있는 장대천(1899-1983)기념관은 그의
사후에 기증받아 고궁박물원에서 관리하고 있다.

　북경의 고궁박물원은 전시실이 산만하게 흩어져 있고 전시시설도
낙후되어 있지만 대북의 고궁박물원은 전시실이 시설이 좋은 한 건

普 通 券 票 價 捌 拾 元

대북고궁박물원 입장권 :
국립고궁박물원 문물참관권
이라는 입장권(보통권)은 양
명산의 숲·본관과 별관·장
대천 기념관 등이 보이는
80원짜리다. 이곳에 자리잡
은 지도 30여 년이나 되었
다.

물에 집중되어 있어 매우 효율적으로 관리되고 있다. 소장품의 수
는 북경이나 대북이 비슷하게 60만 점 정도씩 가지고 있고 또 매년
구입하고 있다. 다만 북경은 자금성의 건물 내부를 보는 관람객이
전시품을 보는 관람객보다 많으나 대북은 전시품만 보게 된다. 관
람객의 안내는 대북 쪽이 적극적이어서 중국어·영어·일본어·한
국어·독일어·프랑스어·스페인어 등으로 수시로 안내원이 설명
해 주기도 하고 이어폰을 끼면(사용료 1백 원) 안내설명을 들으면서
관람할 수 있다. 그러나 옥에 티랄까 전시실에는 아직도 손문과 장
개석의 동상도 있고 청천백일기(중화민국 국기)도 있다. 북경 고궁
에는 없다.

　1층에는 상주청동예기진열실·갑골문진열실·은묘진열실·화하

송호(頌壺) : 대북고궁박물원 소장품인 이 송호(청동기
항아리)는 서주 후기(기원전 8세기) 작품인데 동물양식(애
니멀패턴)시대 청동기의 특징을 잘 보여주고 있다.

국화식반(盤) : 국화꽃 모양의 큰 접시인 이 반(지름 17.5㎝)은 남송시대 가요(哥窯)에서 만든(13세기) 것인데 가마 안에서 일어난 요변(窯變)에 의하여 균열이 생겼다.

문화와 세계문화의 관계실 · 근대관 진열실 · 매표소 · 복제품 판매부 등이 있다.

2층에는 고궁문물운반사실 · 서화진열실 · 도자진열실이 있다. 진열장 · 진열품 · 관람객 등이 많고 천장도 낮아 답답할 정도다.

3층에는 서화진열실 · 조각진열실 · 옥기진열실 · 진완다보격진열실 등이 있다.

대북고궁박물원 소장품으로 유명한 것은 모공정 · 산씨반 · 송호 등의 청동기 · 범관(계산행여도) 곽희(조춘도) 조간(강행초설도) 황공망(부춘산거도) 등의 그림, 왕희지(쾌설시청첩) 안진경(제질문고) 등의 글씨, 취옥백채 · 저육형석 등의 옥기(옥제품), 여요연화온완과 여요수선분 같은 자기 등이다. 대북고궁의 서화와 자기는 북경고궁 것보다 훨씬 수준 높은 것들이다.

따라서 중국미술사를 연구하고 중국예술품을 제대로 관람하려면 북경고궁박물원 · 대북고궁박물원 · 런던대영박물관 · 파리기메박물관 · 보스톤미술관 · 뉴욕메트로폴리탄박물관 · 캔사스시티박물관 · 시카고예술관 등을 가봐야 한다.

70년대초 3년 동안 매주 드나들었던 대북고궁박물원은 30년 사이에 많이 변해 있었다. 주변에 있는 장대천기념관 · 순익대만원주민기념관 · 지선원 · 지덕원 등은 분위기를 차분하고 아름답게 해주고 있었다.

그리고 무엇보다도 계엄령이 해제되어 있었기 때문에 주변의 군부대가 없어 좋았고, 고급아파트와 개인주택들이 들어서 있어서 지선로의 고궁 앞길은 아주 평화로워 보였다.

곽희의 조춘도 : 북송시대 화가 곽희(약 1001~약 1090)가 이른 봄의 경치를 그린 이 조춘도(1072년 작, 158×108㎝)는 대북고궁박물원이 자랑하는 명품이다.

고궁 박물원

주소 : 대북시 지선로 2단 221호

전화 : 02-28812021

팩스 : 02-28821440

인터넷 : http://www.npm.gov.tw

입장료 : 80원

휴관 : 연중무휴

3
리스뽀우꽌
(歷史博物館 : 역사박물관)

　정식명칭은 중화민국 국립역사박물관이다. 북경에도 국립인 중국 역사박물관이 있다. 규모나 유물로 보아 북경 쪽이 훨씬 크고 좋다. 특히 북경의 중국역사박물관에는 매년 전국토에서 발굴되는 것 중에서 좋은 것이 들어오기 때문에 유물은 새로워지고 수준도 높아진다. 북경의 역사박물관은 천안문광장 동쪽에 있어 주변의 자연환경이 별로 좋지 않은데 대북의 역사박물관은 식물원 안에 있어 주변 자연환경이 매우 아름답다. 또 주변에 미국문화센터·우정박물관·양영풍미술관·국립대만예술교육관·대만과학교육관 등이 있어 소위 남해학원(南海學園)을 이루고 있다.

　국립역사문물미술관(1955)으로 시작하여 국립역사박물관이 된 (1957) 이곳에는 중국문물(주로 하남박물관 소장품)과 전후 일본에서 찾아온 문물이 소장 유물의 대부분이다. 근현대화가인 장대천(張大千)과 부심여(溥心畬)의 그림도 많이 소장되어 있다. 전체 소장품

역사박물관 본관 : 중화민국 국립역사박물관은 식물원 안 경치 좋은 곳에 자리잡고 있다. 중국전통양식의 건물이지만 내부는 현대식 시설을 갖추고 있다. 국립역사박물관이라는 현관 글씨는 장개석이 썼다.

역사문물진열실 : 중국문물통사전(通史展) 전시실은 1·2·
4층에 나눠져 있다. 한·당시대의 도기와 삼채기 및 채회도
기(彩繪陶器) 등이 볼 만하다.

번룡방호 : 춘추시대(기원전 770~기원전 476)에 만들어진 이 번룡장
식을 한 네모항아리(높이 90.3, 입지름 19.8×14, 밑지름 30×24㎝)
는 1928년 하남성에서 출토되었다.

청화백자 관음상불감 : 원나라 때(1271~1368) 만들어진 청화백자 관음상불감(감실 안에 관음보살을 만들어 넣은 청화백자기, 높이 16.8, 폭 13.2, 두께 8.2㎝)이다. 작지만 귀물이다.

은 5만여 점이다.

이 역사박물관은 개관 이후 특별전을 많이 연 것으로 유명한데 그 동안 역대고도전· 당삼채전· 채회도특전· 역대자기전· 고대동기 전· 법랑기물전· 칠기전· 장대천특전· 부심여특전· 올뢰미술관 소장품전· 체코수정예술특전· 서한남월왕묘문물특전· 진시황릉 병마용특전· 북경고궁박물원소장품전· 남경박물원소장품전 등을 열었다.

따라서 3층에 있는 중화문물통사전전시실 외의 전시실(1· 2· 4 층)은 기획전· 특별전 등으로 사용되는 경우가 많다. 특히 국민당 의 일당독재가 끝난 후부터(1990년대부터)는 전시실· 전시 기획· 전시 내용 등에 엄청난 변화가 생겨 대북고궁박물원보다 훨씬 활기 가 도는 듯했다. 위치도 시내 중심지역에 있어서 좋다.

안 내 메 모

주소 : 대북시 중정구 남해로 49호
전화 : 02-23610270
팩스 : 02-23315465
입장료 : 20원
휴관 : 월요일

4

꾸어푸지니엔꽌

(國父紀念館 : 국부기념관)

대북에 있는 국부기념관과 중정기념당에 관해서는 대만에서 출판
된 박물관 관계도서에는 전혀 언급되어 있지 않다. 그러니까 박물
관이나 기념관으로 인정하지 않고 있는 셈이다. 그러나 필자는 중
국현대사에서 손문·모택동·장개석 세 사람을 빼놓을 수 없고 그
들을 기념하는 장소도 문화유산으로 인정하기 때문에 대만에 가서
이들을 찾아보았다.

중화민국 초대총통으로 죽은 후 국부(國父)가 된 중산 손문
(1866-1925)을 기념하는 기념관은 북경·상해·남경·광주 등 중
국의 대도시에 가면 얼마든지 있다. 그만큼 삼민주의를 내세우고
신해혁명(1911)을 성공시키고 민주공화국인 중화민국을 세운 손문
은 공산당정부와 국민당 정부에서 함께 존경과 추앙을 받는 인물이
되었다.

그래서 중정 장개석(中正 蔣介石, 1887-1975)이 모택동의 공산

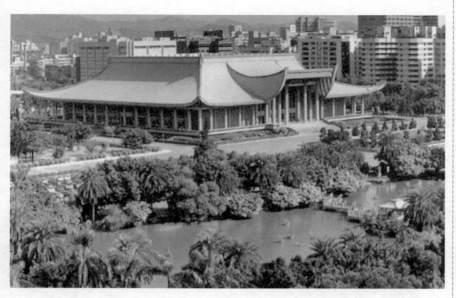

국부기념관 전경 : 1972년에 완공된 국부기념관은 지하 1층 · 지상 3층의 단일 건물인데 다목적용이다. 즉 교육기지 · 집회장소 · 학술발표장 · 도서열람장 · 전람회장 등으로 사용되고 있다.

국부기념관 중화문화당 : 국부기념관 1층
에 있는 중화문화당은 8백 명을 수용할 수
있는 강당인데 고급스럽게 만들어져 있다.
국부기념관에는 이런 장소가 더 있다.

양명산 중산루 : 대북 북쪽에 있는 양명산 중턱에 있는 양명산 중산루에도 국부 손문에 관한 자료가 전시되어 있고 회의실·대소강당·연구실·극장·식당 등도 있다.

국부사적기념관 : 손문이 1912년 8월 2차혁명 실패 후 며칠
간 머물렸던 집(대북시에 있는 일본식 목조건물)을 국부사적기
념관으로 만들고 그에 관한 사진과 자료를 전시하고 있다.

군과 싸워 지면서 대만으로 철수할 때도 손문의 유품을 가지고 와
서 어려운 가운데도 국부기념관을 세운 것이다. 그래야 손문과 자
기와의 관계를 정당화하고(삼민주의의 법통을 계승한 것으로) 국민
당 일당통치를 할 수 있었기 때문이다.

　대북에는 손문이 1912년 8월 2차혁명 실패 후 대만에 와서 며칠
을 머물다 간 집(일본식 목조건물)도 국부사적기념관으로 보존하고
있어서 국립국부기념관과 함께 손문과 관계되는 기념관은 두 곳이
있는 셈이다. 물론 대북 북쪽에 있는 양명산에는 중산루도 있다.

　대북 시내 런아이루(仁愛路)에 있는 거대한 중국식 단일건물 국부

기념관은 1964년 건립위원회 성립, 1965년 착공기념식, 1968년 정식착공, 1972년 완공 등의 순서를 거쳐 개관되었다. 그러니까 올해로 29년째 되는 곳이다.

학생들의 교육기지 · 각종 국가집회장소 · 문예활동장소 · 학술발표장 · 도서열람장 · 전람회장 등으로 사용되고 있는 국부기념관은 10만여㎡ 대지에 세워졌는데 지하1층에 지상3층의 단일건물이다.

지하층에는 4개의 전람회장 · 독서실 · 영상실 · 식당 등이 있고, 1층에는 국부사적전람실(2) · 강연실(2) · 손문도서관열람실 · 중산강당 · 대강당 · 기념품판매센터 등이 있다. 2층에는 전시실(3) · 대강당 · 손문도서관연구실 · 중산국가화랑(2) 등이 있고, 3층에는 화랑(5) · 다매체영상실 · 기념관관사실 · 대회당 · 국부동상실 등이 있다.

필자가 찾아가 본 2001년 1월 21일(일요일)에도 각종 전람회가 여기저기서 열리고 있었으나 관람객은 많지 않았다.

203

메모

주소 : 대북시 인애로 4단 505호
전화 : 02-27581924
우편번호 : 110
입장료 : 무료
휴관 : 연중무휴

5

쭝정지니엔탕
(中正紀念堂 : 중정기념당)

　　중정 장개석(中正 蔣介石, 1887-1975)은 일본 육사를 졸업한 후 꽝저우(廣州)에 있는 중화민국의 육사인 황포군관학교의 교장을 지내면서 총통 손문의 후계자로 인정을 받았다. 1925년 손문 사망 이후에는 국민당군을 이끌고 북벌을 완성했으며, 남경 국민당 정부의 총통이 되었다. 그리고 항일전 8년 동안(1937-1945) 일본군과 싸우면서 공산당 섬멸작전도 벌였다. 전후에는 또 국공내전(1945-1949)을 겪었다. 그러나 이 모든 전쟁에서 실패한 후 1949년 12월 작은 섬 타이완(대만)으로 쫓겨와(62세 때) 중화민국의 명맥을 간신히 유지하였다. 본토에서는 모택동의 공산당이 1949년 10월 1일 북경에서 중화인민공화국을 세계에 선포한 뒤였다. 그러니까 이때부터 중국은 2개의 정부가 있는 1국 2체제의 나라가 되었다.

　　장개석은 전처 자식인 장경국(1909-1988)을 행정원장 겸 국방부장관으로 내세워 철권정치를 했다. 이들 아버지와 아들은 40년 동안 대만을 다스렸는데 정치는 독재였으나 경제를 발전시켜 대만을 부강한 나라로 만들었다.

장경국은 아버지가 죽은 후 손문 기념관인 국부기념관보다 더 큰 중정기념당을 세웠다. 1976년 10월 중정기념당 건립위원회 구성, 1977년 11월 착공, 1980년 4월 개관 등의 순서를 밟은 이 중정기념당의 대지는 25만㎡(국부기념관의 2.5배)이고 정문누각(大中至正)의 높이는 30m나 된다. 5문우진각지붕이다. 남북쪽에도 대효문과 대충문이 있어 출입이 편리하다. 대지 안에는 회랑(1천2백m) · 화단 · 잔디광장 · 동산 · 연못(2) · 운동장(3) · 산책로(2) · 정원(3) 등이 있고 한가운데에는 높이가 70m나 되는 중정기념당이 있다. 지붕은 뾰족한 팔각형인데 남색유리기와로 덮었다. 사방의 벽은 흰색 대리석으로 치장하였다. 웅장하면서 화려하다.

중정기념당은 2층으로 되어 있는데 2층에는 중정 장개석 총통의 동상이 있고, 주변에는 그의 글이 황금색으로 새겨져 있다. 이 기념당의 문은 높이가 16m이고 무게는 75t이다. 두쪽 문은 청동제이다. 작은 섬나라를 독재로 다스린 총통기념관으로는 지나치게 커서 민주화된 지금의 대만인들은 원망과 비난 내지 멸시의 눈으로 보고 있다. 안타까운 일이다.

1층에는 문물전시실(6백평, 6개진열실에 11개 단원으로 전시) · 영화관 · 전시실(2) · 중정기념도서관 · 시청각실 · 장총통기념실 등이 있다. 국립중정기념당관리처에서 발행한 위민복무수책(爲民服務手册, 국민을 위한 서비스핸드북, 2001년)에는 장개석의 업적 홍보는 거의 없고(세상이 변했으니까) 기념당의 사회적 기능을 열거 ·

중정기념당 야경 : 중화민국 총통 장개석(1887~1975)이 죽은 후 아들 장경국 (1909~1988)이 총통직을 계승하고 지은 이 기념당(1980년 개관)은 어마어마하게 크고 호화롭다. (높이 70m)

중정기념당 2층 동상 : 중정기념당 2층에 있는 동상실은 손문 동상실이나 모택동 동상
실 보다 크고 넓다. 뒷면에는 윤리 · 민주 · 과학이라 쓴 장개석의 글이 새겨져 있다.

강조하고 있다. 특히 부속건물인 국가음악청(서울 예술의 전당 음악당 같은)과 국가희극원(서울 예술의 전당 오페라하우스 같은)의 행사 스케줄을 자세히 알리고 있다. 그리고 무엇보다도 지금은 착검한 군인이 눈에 보이지 않는다는 점이다. 계엄하도 아니고, 국민당일당독재시대도 아니며, 그에 대한 존경심이 남아 있는 시대가 아니기 때문일 것이다.

메 2

주소 : 대북시 중산남로 21호
전화 : 02-23431124
팩스 : 02-23932740
입장료 : 무료
휴관 : 연중무휴

6
얼얼빠지니엔꽌
(2·28 紀念館 : 이이팔기념관)

한국에서 이승만 독재에 항거하다 죽은(1960년 4월 19일, 4·19 혁명) 영령들에 관한 도서·문헌·사진·유물들을 전시한 곳이 4·19기념관이라면 대만에서 장개석 독재에 맞서 싸우다가 죽은 민주투사들에 관한 문헌·사진·유물 등을 전시한 곳이 얼얼빠지니엔꽌이다. 대북중정기념당 맞은편 평화공원 안에 있다. 주변에는 성립박물관·대만대학부속병원·국립도서관·총통부 등이 있다.

대만구역 발전연구원 소속인 대북2·28기념관 건물은 1930년에 지은 대북방송국 건물을 개조한 것이다. 1997년 2월 28일 2·28사건 50주년을 맞아 정식으로 개관하였다.

1947년 2월 28일을 시작으로 일어난 반독재사건은 관민충돌·군대진압·무차별사살 등의 단계로 확대되었다. 50년간 일본제국의 통치를 받은 대만인들은 같은 민족의 백색 독재 공포정치에 대항했던 것이다. 그들은 민주·자유·평등·정의를 내걸고 투쟁하다가

2·28기념관 입장권 : 대북 2·28기념관의 입장권은 건물 사진이나 장개석 독재정권의 탄압 사진 대신에 꽃그림(고정화)을 넣었다. 꽃처럼 아름답게 피었다가 쉽게 사라진 젊음을 상징한다.

台北二二八紀念館
TAIPEI 228 MEMORIAL MUSEUM

2·28기념관 안내서 : A4용지 한 장 크기의 중국어 안내서는 사건개요·참가자·사건의 영향 등을 설명하고 기념관의 평면도를 실었다. 한자는 여전히 간체자(약자)가 아닌 번체자를 사용하고 있다.

수천 명이 죽고 다쳤다.

지하1층에는 특별전시실이 있고, 1·2·3층의 전시실은 18개의 주제로 이어져 있다. 즉 안내영상실·식민통치하의 근대화, 2차대전하의 대만, 신세대영접·풍우전날밤·전매혈안·사건시말·대만방송국·대사살·추념추사·고압과 공포 및 반항, 228증언·공의와 평화운동, 영상증언·228연구·228추억·228기념·사료센터 등으로 1층에서 3층까지 이어져 있다. 끔찍한 장면들과 무기들이 관람자를 슬프게 하였다. 민주주의라는 나무는 피를 먹고 산다는 말을 실감하게 하였다. 세상이 확 변했으니까 이런 기념관이 가능했구나 하는 생각도 하였다.

12레 12
주소 : 대북시 개달격란대도 3호
전화 : 886-2-223897228
팩스 : 886-2-23895228
입장료 : 20원(수요일은 무료)
휴관 : 월요일

7
린위탕지니엔투수꽌
(林語堂紀念圖書館 : 임어당기념도서관)

30년 전 필자가 대만성 대북시 양명산에 있는 중국문화대학교 대학원 미술사학과를 다닐 때 산중턱에 있는 빨간 대문집을 기억하면서 찾아간 곳은 임어당기념도서관(대북시립도서관 분관)이었다. 필자는 임어당(1895-1976)을 1967년 서울에서 만난 적이 있었기 때문에 유학중 임어당이 직접 지은 아름다운 집(그리스 건축양식의 빌라)을 꼭 방문하고 싶었지만 기회가 없었다. 그때 그는 대만과 홍콩을 오가면서 강의 연설 집필을 계속했기 때문에 만나지를 못했다. 그리고 필자는 1973년 7월 귀국했다.

81년간 세상에 살면서 영문으로 소설 · 수필 등 많은 책을 쓰고(옥스포드영어사전을 다 외우고 있었다) 중국책을 영문으로 번역하는 등 80권에 가까운 책을 출판하면서(동서문학 · 역사 · 철학에 관한) 유머대사(大師)라는 말을 들은 린위탕(林語堂)은 자그마한 키의 호인이었다. 복건 출신인 그는 상해에 있는 세인트요한대학을 졸업하

임어당기념도서관안내서 : 현대 중국의 대문장가였던 임어당(1895~1976)
이 죽은 후 세운 임어당기념도서관 안내서 표지다. 林語堂이라는 글씨는 임
어당이 직접 쓴 서명이다.

임어당기념관 건물 : 그리스 건축양식으로 임어당이 직접 지은 이 집(임어당기념관)은
매우 아름답고 우아하며 그의 인품 같다. 침실·서재·접객실·문물진열실 등이 있다.

후원에 있는 임어당 묘 : 글을 쓰다가 쉴 때는 언제나 뒤뜰(후원)을 거닐었던 임어당은
죽은 후에도 이 곳에 묻혔다. 사진 왼쪽 아래 나무 사이로 석관(세로 2m·가로 1m)이 보
인다. 林語堂先生之墓라 썼다.

고 북경청화대학에서 영문학과 중국문학을 연구하기도 했다. 그리고 미국 하버드대에서 석사학위를 받았고, 독일 예나대학에서 박사학위(1922년 27세때)를 받았다. 귀국 후에는 북경대·북경사범대·하문대·남양대·홍콩중문대 등에서 후학을 가르치면서 저술활동을 계속하였다. 또 3개의 잡지를 창간하기도 하였고 영문타자기를 발명하기도 했다. 필자도 5·60년대에 그가 쓴 여러 권의 책을 읽으면서 청년기를 보냈고 중국문화와 문학이해에 큰 도움을 받았다.

1976년 3월 26일(안중근의사가 여순감옥에서 돌아가신 날이기도 하다) 홍콩에서 81세로 세상을 떠난 임어당의 유해는 4월 1일 양명산의 옛집으로 돌아와 후원에 묻혔다. 석관(石棺, 세로2m, 가로1m)위에는 林語堂先生之墓라고 씌어 있었다. 후원은 아름다우면서도 간소하게 꾸며져 있었다. 1985년에 정식 개관한 기념관도 그랬다. 서재·침실·식당·접객실·문물진열실 등에는 그가 살아 있을 때의 모습을 지니고 있었다. 문물진열실에는 그의 유품·사진·세계 각국에서 출판된 그의 책 등이 전시되어 있었다. 아름다운 인생, 아름다운 기념관이었다.

216

예 12

주소 : 대북시 사림구 앙덕대도 2단 141호
전화 : 02-2861-3003
팩스 : 02-2862-1173
입장료 : 무료
휴관 : 국경일과 매월 첫 목요일

부록

중국박물관 목록

馆　　名	地　　址
北京市	
中央美术学院陈列馆	北京市东城区校尉胡同 5 号
中国历史博物馆	北京天安门广场东侧
中国医史博物馆	北京市东直门内
中国美术馆	北京市东城区五四大街 1 号
中国革命博物馆	北京天安门广场东侧
毛主席纪念堂	北京市天安门广场中心
中南海毛泽东故居	北京中南海东门内
北京古观象台	北京建国门立交桥西南侧
北京蜡像馆	北京市地坛公园斋宫内
当代美术馆	北京市东城区隆福寺街
茅盾故居	北京市东城区后圆恩寺 13 号
北京文天祥祠	北京东城府学胡同 63 号
国际友谊博物馆	北京市东城区戏楼胡同 1 号
首都博物馆	北京市东城区国子监街 13 号
故宫博物院	北京景山前街 4 号
皇史宬	北京市南池子大街 136 号
雍和宫	北京市东城区雍和宫大街 12 号
北京自然博物馆	北京市崇文区天桥南大街 126 号
中国人民抗日战争纪念馆	北京卢沟桥宛平城内
北京大葆台西汉墓博物馆	北京市丰台区郭公庄南
北京长辛店"二·七"纪念馆	北京丰台花园南里甲 15 号
卢沟桥史料陈列馆	北京市丰台区卢沟桥
中华人民共和国名誉主席宋庆龄同志故居	北京市西城区后海北沿 46 号
中国工艺美术馆	北京市复兴门大街 101 号
中国地质博物馆	北京市西四羊肉胡同 15 号
北京天文馆	北京西直门外大街 138 号
北京动物园	北京西直门外大街 137 号
白云观	北京市西城区西便门外
民族文化宫展览馆	北京市复兴门内大街 49 号
郭守敬纪念馆	北京市德胜门西大街甲 60 号

馆　　名	地　　址
郭沫若故居	北京市西城区前海西街 18 号
徐悲鸿纪念馆	北京市新街口北大街 53 号
梅兰芳纪念馆	北京市西城区护国寺街 9 号
北京鲁迅博物馆	北京阜成门内西二条 19 号
中国钱币博物馆	北京市西城区成方街 32 号
中国人民革命军事博物馆	北京市复兴门外复兴路 9 号
中国人民解放军国防大学校史馆	北京红山口甲 3 号（国防大学内）
中央民族大学民族博物馆	北京市海淀区白石桥路 27 号
北京大学赛克勒考古与艺术博物馆	北京大学校园内
中国地质大学博物馆	北京市海淀区学院路 29 号
中国现代文学馆	北京市西三环北路 12 号
中国画研究院展览馆	北京市西三环北路 54 号
中国科学技术馆	北京市北三环中路 1 号
中国航空学会北京航空馆	北京市海淀区学院路 37 号
北京大学地质陈列馆	北京大学院内
北京大钟寺古钟博物馆	北京海淀区北三环西路甲 31 号
北京艺术博物馆	北京市海淀区苏州街万寿寺
北京石刻艺术博物馆	北京市白石桥五塔寺村 24 号
北京市植物园（北园）	北京市西北郊卧佛寺路
北京植物园（南园）	北京市西郊香山南路
团城演武厅	北京市西山香山南路红旗村
李大钊烈士陵园陈列室	北京市海淀区香山东万安里 1 号
炎黄艺术馆	北京亚运村慧忠路 9 号
曹雪芹纪念馆	北京市海淀区香山正白旗 39 号
圆明园展览馆	北京市海淀区清华西路
北京市门头沟区博物馆	北京市门头沟区永定镇西峰寺
中国邮票博物馆	北京市宣武门东大街 2 号
中国佛教图书文物馆	北京市宣武区法源寺前街 7 号
中国古代建筑博物馆	北京市宣武区东经路 21 号
陶然亭慈慧庵	北京市宣武区南部陶然亭公园
中国农业博物馆	北京市朝阳区东三环北路 16 号

馆 名	地 址
中国体育博物馆	北京市安定门外安定路甲 3 号
北京中医学院中药博物馆	北京市和平街北口 11 号
北京中医学院医史博物馆	北京市朝阳区北三环东路 11 号
中国第四纪冰川陈列馆	北京市石景山区模式口 28 号
琉璃河商周遗址博物馆	北京市房山区琉璃河
北京猿人展览馆	北京房山区周口店乡
云居寺管理处文物陈列室	北京市房山区水头村
人民装甲兵陈列馆	北京市昌平县阳坊
中国航空博物馆	北京市昌平县小汤山镇大汤山
长陵	北京市昌平县燕山脚下
定陵博物馆	北京市昌平县十三陵特区
昌平县博物馆	北京市昌平县城区镇南环路
昭陵	北京市昌平县十三陵特区
詹天佑纪念馆	北京市八达岭特区
密云县博物馆	北京密云县城西侧郊野公园甲区
通州博物馆	北京市通州区西大街 9 号
山戎墓葬陈列馆	北京市延庆县靳家堡乡玉皇庙
洞沟古崖居	北京市延庆县张山营镇
北京市焦庄户地道战遗址纪念馆	北京市顺义区龙湾屯焦庄户村
上宅文化陈列馆	北京市平谷县金海湖旅游区

天津市

馆 名	地 址
天津市艺术博物馆	天津市和平区解放路 77 号
中共天津建党纪念馆	天津市长春道普复里 21 号
天津市三条石历史博物馆	天津市三条石大街小马路 16 号
天津义和团纪念馆	天津市红桥区吕祖堂胡同 16 号
天津杨柳青博物馆	天津市杨柳青镇估衣街 47 号
平津战役纪念馆	天津市红桥区平津道 8 号
平津战役天津前线指挥部旧址陈列馆	天津市杨柳青镇药王庙东大街 4 号
天津历史博物馆	天津市河东区光华路 4 号
天津自然博物馆	天津市河西区马场道 206 号
天津觉悟社纪念馆	天津市河北区宙纬路三马路三戒里

馆　　名	地　　址
天津市文庙博物馆	天津市南开区东门里文庙内
天津戏剧博物馆	天津市南开区南门内大街 31 号
天津民俗博物馆	天津市古文化街天后宫内
周恩来邓颖超纪念馆	天津市水上公园路
周恩来同志青年时代在津革命活动纪念馆	天津市南开区四马路 20 号
蓟县中上元古界国家自然保护区陈列馆	天津蓟县城内花园大街 2 号
天津黄崖关长城博物馆	天津蓟县黄崖关城
天津市塘沽区科学宫	天津市西半园路 1 号

河北省

馆　　名	地　　址
白求恩纪念馆	石家庄市中山西路 6 号
石家庄市博物馆	石家庄市建设北大街 7 号
华北军区烈士陵园	石家庄市中山中路 59 号
军事教育馆	石家庄市中山西路 19 号
河北地质学院博物馆	石家庄市建华南大街 40 号
河北省科学技术馆	石家庄市裕华中路 10 号
河北省博物馆	石家庄市东大街 4 号
柯棣华纪念馆	石家庄市白求恩国际和平医院
邯郸市博物馆	邯郸市中华大街 45 号
邯郸市科技馆	邯郸市展览路 40 号
晋冀鲁豫烈士陵园	邯郸市陵园路 60 号
邢台地震资料陈列馆	隆尧县县城东侧
郭守敬纪念馆	邢台市达活泉公园内
保定直隶总督署博物馆	保定市裕华西路 10 号
留法勤工俭学运动纪念馆	保定市金台驿街路西
保定市科学宫	保定市环城西路
冉庄地道战纪念馆	清苑县
张家口地区博物馆	张家口市桥西区小河套 21 号
炮兵博物馆	张家口市炮兵指挥学院院内
承德县博物馆	承德县县城板城大街 99 号
避暑山庄博物馆	承德市小南门 129 号
承德市科技馆	承德虹桥区下营房路 27 号

馆　名	地　址
唐山地震资料陈列馆	唐山市抗震纪念碑东部
冀东烈士陵园革命烈士纪念馆	唐山市路南区南新道北侧
潘家峪革命纪念馆	丰润县火石营镇潘家峪村
李大钊故居纪念馆	乐亭县大君坨村
山海关长城博物馆	秦皇岛市山海关第一关路
平山县博物馆	平山县平山镇文庙路 35 号
西柏坡纪念馆	平山县西柏坡
冀东烈士陵园	南宫市西南隅
定州市博物馆	定州市刀枪街 31 号
城南庄革命纪念馆	阜平县城南庄村
中国唐县白求恩、柯棣华纪念馆	唐县向阳北街
高阳纺织博物馆	高阳县城内西街
赤城县博物馆	河北赤城县城北河沿街中心
蔚县博物馆	蔚县蔚州镇牌楼西街
平泉县博物馆	河北平泉县塞外古镇
滦平县博物馆	滦平县城东街
隆化县博物馆	隆化县政府东侧
围场满族蒙古族自治县博物馆	围场县围场镇二道街
黄骅市博物馆	黄骅市渤海路中段
武强年画博物馆	武强县小范镇新开街 1 号
河间县白求恩纪念馆	河间县西告乡屯庄村

山西省

山西国民师范旧址革命活动纪念馆	太原市五一路 245 号
山西省地质矿产局地质矿产陈列馆	太原市并州北路 9 号
山西省科学技术馆	太原市迎泽西大街 8 号
山西省博物馆	太原市文庙巷 3 号
中国煤炭博物馆	太原市迎泽西大街 2 号
晋祠博物馆	太原市南郊区晋祠镇
大同市博物馆	大同市华严寺
大同煤矿阶级教育馆	大同市矿区峪口
长治市博物馆	长治市大北街庙道巷 13 号

223

馆　名	地　址
长治市郊区文物博物馆	长治市郊区文化馆院内
沁源县文物馆	沁源县胜利街 25 号
黎城县文博馆	黎城县城内河下街
南涅水石刻陈列馆	沁县城南二郎山
八路军太行纪念馆	武乡县县城桥西 5 号
沁水县文史博物馆	沁水县县城西街玉帝庙
忻州地区博物馆	忻州市长征西路
代县博物馆	代县县城内西南街
五台县博物馆	五台县城东西大街北侧
白求恩纪念馆	五台县耿镇镇松岩口村
岢岚县博物馆	岢岚县小东街 25 号
介休市博物馆	介休市庙底街 20 号
祁县民俗博物馆	祁县东观镇乔家堡村
平遥县双林寺彩塑艺术馆	平遥县达蒲乡桥头村北
榆社县化石博物馆	榆社县城迎春南路 18 号
刘胡兰纪念馆	文水县云周西村
文水县博物馆	文水县城内西街
晋绥边区革命纪念馆	兴县蔡家崖村
临汾市博物馆	临汾市尧庙宫和市中心大楼
临汾地区科技馆	临汾市古楼南太茅路印染巷
丁村文化陈列馆和丁村民俗博物馆	襄汾县丁村
翼城县博物馆	翼城县旧城关帝庙内
蒲县博物馆	蒲县柏山东岳庙
运城市博物馆	运城市红旗西路 22 号
河东博物馆	运城市红旗东路 75 号
闻喜县博物馆	闻喜县文庙
垣曲县自然博物馆	垣曲县新城大街 103 号
芮城县博物馆	芮城县永乐南大街城隍庙
临猗县博物馆	临猗县北大街 9 号
稷山县博物馆	稷山县城关镇马村青龙寺内
平定县科技馆	平定县县城东

馆　　名	地　　址
长治县文物博物馆	长治县城内文化馆院内
长子县博物馆	长子县城关镇东大街 12 号
平顺县文物博物馆	平顺县城关镇府前街
襄垣县文物博物馆	襄垣县城关镇东街主师巷 8 号
沁县文物馆	沁县城南二郎山
壶关县文物博物馆	壶关县城北街
八路军总部旧址纪念馆	武乡县朝北乡王家峪
晋城市古建艺术博物馆	晋城市文化局楼内
晋城市博物馆	晋城市北大街 46 号
高平县博物馆	高平县城关镇南大街
陵川县博物馆	陵川县城关镇古陵路
阳城县文物博物馆	阳城县城关镇南城口
夏县博物馆	夏县文化馆院内
右玉县博物馆	右玉县文化馆院内
左云县科技馆	左云县城关镇
原平县博物馆	原平县永康南路 1 号
偏关县博物馆	偏关县城关镇中大街古楼
繁峙县博物馆	繁峙县城关镇二道街
河曲县博物馆	河曲县城关镇关帝庙
麻田八路军总部纪念馆	左权县麻田镇上麻田村
平型关战役纪念馆	灵丘县平型关战役旧址
方山县博物馆	方山县城内
兴县革命纪念馆	兴县蔡家崖乡蔡家崖村
汾阳县博物馆	汾阳县城内鼓楼东街
孝义县博物馆	孝义县府南路 5 号
岚县博物馆	岚县城关镇文化馆院内
侯马市博物馆	侯马市市府路 24 号
汾西县博物馆	汾西县城内
安泽县博物馆	安泽县府东街 2 号
浮山县博物馆	浮山县神山路东
襄汾县博物馆	襄汾县城内南大街

225

馆　　名	地　　址
曲沃县博物馆	曲沃县城关镇西大街
洪洞县博物馆	洪洞县城关镇
新绛县博物馆	新绛县城关镇北大街塔寺 2 号
平陆县博物馆	平陆县圣人涧村传说庙遗址
河津县博物馆	河津县新耿街 50 号
永济县博物馆	永济县城关镇南开街
万荣县博物馆	万荣县城关镇西街
绛县博物馆	绛县城关镇文庙
河边民俗馆	定襄县城内
天镇县博物馆	天镇县城内
屯留县文物博物馆	屯留县城关镇

内蒙古

馆　　名	地　　址
万部华严经塔陈列室	呼和浩特市东郊白塔保管所院内
内蒙古地质矿产陈列馆	呼和浩特市呼伦南路 4 号
乌兰夫纪念馆	呼和浩特市植物园内
内蒙古自治区博物馆	呼和浩特市新华大街 2 号
内蒙古科技馆	呼和浩特市新华广场西侧
呼和浩特市博物馆	呼和浩特市新城区公主府
金钢座舍利宝塔陈列室	呼和浩特市玉泉区五塔寺后街
昭君出塞陈列室	呼和浩特市南郊昭君墓园内
呼和浩特市土默特左旗文物馆	呼和浩特市土默特左旗察素齐镇
贾力更烈士故居	呼和浩特市土默特左旗察镇
赤峰博物馆	赤峰市红山区新华路中段
辽中京博物馆	赤峰市宁城县铁匠营子乡
喀喇沁旗文物馆	赤峰市喀喇沁旗锦山镇灵悦寺
巴林左旗博物馆	赤峰市巴林左旗林东镇古塔路
敖汉旗博物馆	赤峰市敖汉旗新惠镇
克什克腾旗博物馆	赤峰市克什克腾旗经棚镇
巴林右旗博物馆	赤峰市巴林右旗大板镇荟福路
乌兰察布博物馆	集宁市桥西朝阳街 73 号
贺龙同志革命活动旧址	乌兰察布盟凉城县

馆　　名	地　　址
二连浩特市恐龙博物馆	二连浩特市新华街
鄂伦春民族博物馆	呼伦贝尔盟鄂伦春自治旗首府
通辽市科学技术馆	通辽市明仁大街 133 号
哲里木盟博物馆	通辽市明仁大街
哲里木盟科技馆	通辽市盟公署北
奈曼旗王府博物馆	奈曼旗大沁他拉镇王府大街
鄂尔多斯博物馆	伊克昭盟东胜市准格尔南路
乌审旗嘎鲁图悉尼喇嘛纪念馆	伊克昭盟乌审旗嘎鲁庙
成吉思汗陵	伊克昭盟伊金霍洛旗霍洛苏木
内蒙古自治政府成立大会会址	六安盟乌兰浩特市五一北路
呼伦贝尔盟科技馆	海拉尔市胜利街
伊克昭盟准格尔旗文物馆	准格尔旗沙圪堵镇
兴安盟博物馆	乌兰浩特市五一会址
乌兰浩特科技馆	乌兰浩特市乌兰大街
突泉县科技馆	突泉县政府大院内

辽宁省

辽宁大学历史文物陈列室	沈阳市皇姑区崇山中路 66 号
辽宁中医学院医史教育博物馆	沈阳市皇姑区崇山东路 79 号
辽宁省近现代史博物馆	沈阳市沈河区朝阳街少帅府巷 48 号
辽宁省博物馆	沈阳市和平区十纬路 26 号
沈阳"九·一八"事变陈列馆	沈阳市大东区望花南街 46 号
沈阳市中共满洲省委旧址	沈阳市和平区皇寺路福安里 3 号
沈阳北塔法轮寺	沈阳市崇山东路北塔街 27 号
沈阳刘少奇旧居纪念馆	沈阳市和平区皇寺路福安里 3 号
沈阳周恩来少年读书旧址纪念馆	沈阳市大东区育才巷 10 号
沈阳故宫博物院	沈阳市沈河区沈阳路 171 号
沈阳铁路蒸汽机车陈列馆	沈阳市苏家屯区沈阳铁路分局
沈阳新乐遗址博物馆	沈阳市皇姑区北部
金州博物馆	大连市金州区民政街 61 号
大连自然博物馆	大连市西岗区烟台街 3 号
旅顺万忠墓纪念馆	大连市旅顺口区九三路 23 号

馆　　名	地　　址
旅顺日俄监狱旧址陈列馆	大连市旅顺口区向阳街 139 号
旅顺海军兵器馆	大连市旅顺口区白玉山顶
旅顺博物馆	大连市旅顺口区列宁街 42 号
蛇岛自然博物馆	大连市旅顺口区友谊路 2 号
鞍山市博物馆	鞍山市铁东区南胜利路 45 号
台安县博物馆	台安县台安镇光明街 29 号
抚顺市平顶山惨案遗址纪念馆	抚顺市露天区平山街南昌路 17 号
抚顺市博物馆	抚顺市露天区平山街南昌路
抚顺市雷锋纪念馆	抚顺市望花区和平路 61 号
抚顺战犯管理所陈列馆	抚顺市新抚区宁远街 43 号
本溪市博物馆	本溪市平山区胜利路 22 号
抗美援朝纪念馆	丹东市振兴区山上街 7 号
东沟县博物馆	东沟县孤山镇北街
辽沈战役纪念馆	锦州市重庆路 5 段 1 号
锦州市博物馆	锦州市古塔区北三里 1 号
萧军纪念馆	凌海市图书馆大楼 4 楼
营口市博物馆	营口市站前区楞严祥寺内
金牛山古人类遗址陈列馆	营口县永安乡西田村
阜新市查海遗址博物馆	阜新市阜新县沙拉乡查海村
辽阳博物馆	辽阳市老城区中心路 2 号
铁岭市周恩来少年读书旧址纪念馆	铁岭市银川区红旗街
铁岭市博物馆	铁岭市银川区红旗村
朝阳市博物馆	朝阳市新华路二段 15 号
喀喇沁左翼蒙古族自治县民族博物馆	喀喇沁左翼县大城子镇
海城市博物馆	海城市西关街山西会馆院内
兴城市博物馆	兴城市古城内南一街文庙院内
尹湛纳希纪念馆	北票市蒙古族乡
凌源市博物馆	凌源市市府路西段
虎石沟万人坑纪念馆	大石桥市百寨镇小圣水寺村
大石桥市烈士馆	大石桥市
辽宁省科技馆	沈阳市沈河区文艺路明河里

馆　　名	地　　址
大连海洋科学博物馆	大连市沙河口区黑石樵下屯
锦州市科技馆	锦州市解放路四段
阜新市科技馆	阜新市中华路
辽阳市科技馆	辽阳市中华大街 3 号
铁岭市科学馆	铁岭市市府路
朝阳市科技馆	朝阳市朝阳大街二段 31 号
新金县博物馆	新金县普兰店镇
岫岩满族自治县满族博物馆	岫岩满族自治县岫岩镇
瓦房店市博物馆	瓦房店市内

吉林省

长春中医学院医学历史博物馆	长春市工农大路 15 号
长春地质学院博物馆	长春市西民主大街 6 号
长春地质学校地质陈列馆	长春市南岭大街 4 号
吉林省自然博物馆	长春市光复北路 3 号
吉林省革命博物馆	长春市西安大路 7 号
吉林省博物馆	长春市光复北路 3 号
伪皇宫陈列馆	长春市光复北路 5 号
吉林市文庙博物馆	吉林市南邑区区南昌路 2 号
吉林市陨石博物馆	吉林市吉林大街 96 号
吉林市博物馆	吉林市吉林大街 96 号
四平市博物馆	四平市英雄大街 60 号
伊通满族民俗馆	伊通满族自治县伊通大街
杨靖宇将军纪念馆	靖宇县靖宇大街 68 号
扶余县博物馆	扶余县长宁南街 21 号
集安市博物馆	集安市迎宾路 88 号
榆树市博物馆	榆树市正阳街向阳大路 34 号
白城市博物馆	白城市中兴东路 8 号
大安市博物馆	大安市人民路 1 号
延边博物馆	延吉市参花街 11—14 号
延边朝鲜族民俗博物馆	延吉市参花街 11—14 号
龙井朝鲜族民俗博物馆	龙井市安民街东山

馆　　名	地　　址
长白山自然博物馆	安图县二道白河镇
双阳县科技馆	双阳县双阳镇钲嵩山路
德惠县科技馆	德惠县德惠镇中央大街
九台市科技馆	九台市九台镇九台大街
永吉县科技馆	永吉县口前镇永吉大街
四平市科技馆	四平市铁东区一马路
黎树县科技馆	黎树县黎树镇黎树大街
通化市科技馆	通化市秀全路 4 号
辉南县科技馆	辉南县朝阳镇工农街
集安市科技馆	集安市文化东路
浑江市科技馆	浑江市八道江区通江路
抚松县科技馆	抚松县抚松镇
公主岭市科技馆	公主岭市胜利路
梅河口市科技馆	梅河口市西大街 60 号
洮南市科技馆	洮南市兴隆西街 12 号
镇赉县科技馆	镇赉县永安西路 28 号
延吉市科技馆	延吉市光明街解放路 44 号
图们市科技馆	图们市文化街 1 号
龙井市科技馆	龙井市龙井镇
珲春县科技馆	珲春县珲春镇
大安市水产博物馆	大安市人民路 1 号

黑龙江省

革命领袖视察黑龙江纪念馆	哈尔滨市南岗区颐园街 1 号
东北烈士纪念馆	哈尔滨市南岗区一曼街 241 号
邓散木艺术陈列馆	哈尔滨市南岗区红军街 50 号
哈尔滨革命烈士史料陈列馆	哈尔滨市动力区体育街 1 号
哈尔滨科学宫	哈尔滨市道里区上游街 23 号
侵华日军第 731 细菌部队罪证陈列馆	哈尔滨市平房区新疆大街
黑龙江省民族博物馆	哈尔滨市南岗区文庙街 25 号
黑龙江省革命博物馆	哈尔滨市南岗区一曼街 233 号
黑龙江省博物馆	哈尔滨市南岗区红军街 50 号

馆　　名	地　　址
萧红故居纪念馆	哈尔滨市呼兰县建设街文化路
依兰县博物馆	依兰县依兰镇
扎龙自然保护区——水禽自然博物馆	齐齐哈尔市铁锋区扎龙乡
泰来县博物馆	泰来县泰来镇中央大街
赵尚志将军纪念馆	萝北县尚志公园内北山上
大庆油田开发科学实验陈列馆	大庆市让湖路
小兴安岭资源馆	伊春市新风街
伊春市博物馆	伊春市新风街
杜尔伯特博物馆	杜尔伯特蒙古族自治县泰康镇
黑龙江省渤海上京遗址博物馆	宁安县渤海镇
佳木斯市刘英俊纪馆	佳木斯市友谊路 266 号
黑河博物馆	君河市海兰街 4 号
瑷珲历史陈列馆	黑河市瑷珲镇
逊克县鄂伦春民族博物馆	逊克县城内
孙吴县科技馆	孙吴县孙吴镇红旗大街 232 号
孙吴县象棋博物馆	孙吴县孙吴镇镇北
尚志市烈士纪念馆	尚志市公园街 2 号
五常市革命烈士纪念馆	五常市五常镇杏花山东坡
中共北满省委机关旧址纪念馆	哈尔滨市南岗区光芒街
海林县博物馆	海林县海林镇东山烈士陵园内
牡丹江烈士纪念馆	牡丹江市太平路南端江边
林口八女投江纪念馆	林口县刁翎乡东岗子马斯浑河畔
孙吴县日军侵华罪证陈列馆	孙吴县红旗街
阿城市金上京历史博物馆	阿城市通城路公园
集贤县科技馆	集贤县政府大院内
鸡西市科技馆	鸡西市红旗大街
伊春市科技馆	伊春市伊春区新兴西路
七台河市科技馆	七台河市桃山区
双城县科技馆	双城县双城镇

上海市

上海自然博物馆	上海市延安东路 260 号

馆　　名	地　　址
上海博物馆	上海市人民大道 201 号
上海市历史博物馆	上海虹桥路 1286 号
中国纺织大学纺织史陈列室	上海市延安西路 1882 号
长宁区革命文物陈列馆	上海长宁区愚园路 1376 弄
宋庆龄生平事迹陈列室	上海市长宁区陵园路 21 号
豫园	上海市安仁街 132 号
闸北革命史料陈列馆	上海市闸北区共和新路 1555 号
上海孙中山故居	上海市香山路 7 号
上海韬奋纪念馆	上海市重庆南路 205 弄 53 号
中国共产党代表团驻沪办事处纪念馆	上海市卢湾区思南路 73 号
中国共产党第一次全国代表大会会址纪念馆	上海市黄陂南路 374 弄内
中国劳动组合书记部旧址陈列馆	上海市静安区成都北路 897 号
上海市陶行知纪念馆	上海市沪太路汶水路西
陈化成纪念馆	上海宝山临江公园内友谊路 1 号
复旦大学博物馆	上海杨浦区邯郸路复旦大学内
上海中医学院医史博物馆	上海市徐汇区零陵路 530 号
上海宋庆龄故居	上海市淮海中路 1843 号
上海烈士史料陈列馆	上海市漕溪路 200 号
龙华烈士纪念馆	上海市徐家汇龙华路 288 号
黄母祠——黄道婆纪念堂	上海市徐汇区龙吴路 1100 号
上海鲁迅纪念馆	上海市虹口区东江湾路 146 号
中国左翼作家联盟成立大会会址纪念馆	上海市多伦路 145 号
沈尹默故居	上海市虹口区海伦路 504 号
李白烈士故居	上海市虹口区黄渡路 107 弄
张闻天故居	上海市浦东新西施湾乡邓三村
黄炎培故居	上海市浦东新区川沙镇南市街
嘉定县博物馆	上海市嘉定镇南大街 183 号
小蒸农民武装暴动陈列馆	青浦县小蒸镇东首
青浦县博物馆	青浦县青浦镇公园路 30 号
青浦革命历史陈列馆	青浦县练塘镇下塘街 38 号
崇明县博物馆	崇明县城桥镇鳌山路 696 号

馆　　名	地　　址
松江县博物馆	松江县松江镇中山东路
金山县博物馆	金山县朱泾镇罗星路 200 号

江苏省

馆名	地址
八路军驻京办事处纪念馆	南京市鼓楼区青云巷 41 号
中国共产党代表团梅园新村纪念馆	南京市城东梅园新村
孙中山纪念馆	南京东郊中山陵
雨花台烈士纪念馆	南京市中华门外雨花台烈士陵园
南京博物馆	中山东路 321 号
南京市博物馆	南京市朝天宫 4 号
南京市民俗博物馆	南京市建邺区南捕厅 19 号
南京太平天国历史博物馆	南京瞻园路 128 号
南京市江南贡院历史陈列馆	南京夫子庙金陵路 1 号
南京陶行知纪念馆	南京市中央门外晓庄行知路
南京地质学校地质陈列馆	南京市大石桥 4 号
侵华日军南京大屠杀遇难同胞纪念馆	南京市江东门茶亭东街 195 号
南京渡江胜利纪念馆	南京市中山北路 457 号
傅抱石纪念馆	南京市汉口西路 132 号
静海寺南京条约料史陈列馆	南京市下关区朝月楼 116 号
溧水县博物馆	溧水县在城镇中大街 46 号
徐州博物馆	徐州市和平路 101 号
徐州汉画像石艺术馆	徐州市南郊湖东路
徐州汉兵马俑博物馆	徐州市东郊狮子山
淮海战役纪念馆	徐州市南郊凤凰山东麓
睢宁县博物馆	睢宁县府前东街
沛县博物馆	渍县沛城镇东风路 58 号
丰县博物馆	丰县城解放西路 7 号
连云港市博物馆	连云港新浦区苍梧路
连云港市革命纪念馆	连云港市新浦区民主路 201 号
灌云县博物馆	灌云县伊山镇胜利西路 11 号
赣榆县博物馆	赣榆县青口镇菜市街 5 号
赣榆县抗日山革命烈士纪念馆	赣榆县抗日山烈士陵园内

233

馆　　　名	地　　　址
苏皖边区政府旧址纪念馆	淮阴市淮海南路 30 号
淮阴市博物馆	淮阴市公园北路 11 号
盐城市博物馆	盐城市解放北路浠沧巷 78 号
新四军纪念馆	盐城市建军东路 159 号
盐阜区抗日阵亡将士纪念塔陈列馆	阜宁县芦蒲乡芦蒲村
大丰县革命烈士纪念馆	大丰县大中镇陵园路 20 号
史可法纪念馆	扬州市广储门外街 24 号
扬州博物馆	扬州市天宁寺内
南通市个簃艺术馆	南通市文峰路 7 号
南通博物苑	南通市濠南路 2 号
南通给水技术博物馆	南通市狼山风景区龙爪水源内
海安县博物馆	海安县城宁海路 58 号
海安县革命烈士纪念馆	海安县城宁海南路 136 号
新四军"联抗"烈士明理堂	海安县吉庆镇
沈括故居	镇江市梦溪园路 21 号
镇江博物馆	镇江市伯先路 85 号
镇江革命历史博物馆	镇江市新河路 60 号
镇江焦山碑刻博物馆	镇江市焦山
常州市博物馆	常州市清凉路 22 号
瞿秋白纪念馆	常州市延陵西路 102 号
武进县博物馆	武进县湖塘镇新街
淹城博物馆	武进县湖塘镇淹城行政村
无锡市博物馆	无锡市河埒口惠河路 71 号
无锡市革命烈士陵园	无锡市惠钱路 45 号
无锡革命陈列馆	无锡市公园路 16 号
中国苏绣艺术博物馆	苏州市景德路 274 号
苏州园林博物馆	苏州市东北街 202 号
苏州丝绸博物馆	苏州市人民路 661 号
苏州碑刻博物馆	苏州市人民路 45 号
苏州国家钱币博物馆	苏州市东北街 204 号
苏州民俗博物馆	苏州市潘儒巷 32 号

馆　名	地　址
柳亚子纪念馆	吴江市黎里镇中心街 30 号
苏州博物馆	苏州市东北街 204 号
泰州市博物馆	泰州市城中海陵南路 657 号
梅兰芳史料陈列馆	泰州市东河风景区凤凰墩
常熟博物馆	常熟市古城区北门大街 13 号
江阴市中医史陈列馆	江阴市司马街 48 号
江阴市刘氏兄弟纪念馆	江阴市西横街 49 号
江阴市博物馆	江阴市黄山要塞森林公园内
徐霞客纪念馆	江阴市马镇镇南旸岐村
戈公振故居	东台市东台镇兰香巷 9 号
东台市博物馆	东台市东台镇兰香巷 9 号
冯道立故居	东台市时堰镇公社巷 2 号
兴化市博物馆	兴化市牌楼北路
刘熙载故居	兴化市昭阳镇小关帝庙巷 3 号
郑板桥纪念馆	兴化市昭阳镇郑家巷 7—9 号
淮安市博物馆	淮安市局巷 1 号
周恩来纪念馆	淮安市城北桃花垠
新四军江南指挥部旧址陈列馆	溧阳市水西村
如皋市博物馆	如皋市公园路西河边 16 号
邳州市博物馆	邳州市乐园路
新四军黄桥战役纪念馆	泰兴市黄桥镇米巷 10 号

浙江省

中国古塔陈列馆	杭州市之江路 84 号
中国丝绸博物馆	杭州市玉皇山北麓
中国茶叶博物馆	杭州市龙井路双峰村
李叔同纪念馆	杭州市"虎跑梦泉"景区内
黄宾虹先生纪念室	杭州市楼霞岭 31 号
南宋官窑博物馆	杭州市江干区复兴街施家山 42 号
杭州碑林	杭州市劳动路 57 号
胡庆余堂中药博物馆	杭州市西子湖畔
浙江自然博物馆	杭州市教工路

馆　　名	地　　址
浙江省博物馆	杭州市孤山路 25 号
龚自珍纪念馆	杭州市上城区马坡巷 16 号
潘天寿纪念馆	杭州市南山路景云邨 1 号
蔡永祥烈士事迹陈列馆	杭州市之江路 98 号
天目山博物馆	临安县天目山自然保护区
宁波市博物馆	宁波市药行街 117 号
鄞县四明山革命烈士纪念馆	鄞县四明山章水镇樟村
普陀山文物馆	普陀山悦岭庵
龙港水族馆	苍南县龙港镇江滨路 157 号
泰顺县文物博物馆	泰顺县罗阴镇南大街 10 号
嘉兴市博物馆	嘉兴市禾兴路 2 号
嘉兴南湖革命纪念馆	嘉兴市南湖湖滨
沈钧儒纪念馆	嘉兴市环城南路南门南邦岸 3 号
海盐县博物馆	海盐县武原镇天宁寺路 16 号
乌镇茅盾故居	桐川市乌镇观前街 17 号
君陶艺术院	桐川市梧桐镇庆丰南路
桐川市革命历史纪念馆	桐川市梧桐镇东侧
湖州市博物馆	湖州市公园路 80 号
德清县博物馆	德清县城关镇淡家弄 33 号
吴昌硕纪念馆	吉安县递铺镇苕溪路 89 号
吉安县博物馆	吉安县递铺镇苕溪路 89 号
长兴县博物馆	长兴县雉城镇人民中路 10 号
新四军苏浙军区纪念馆	长兴县槐坎乡温塘村
大通学堂	绍兴市胜利路 141 号
百岁堂(周恩来祖居)	绍兴市劳动路 50 号
青藤书屋(徐渭故居)	绍兴市大乘弄 10 号
绍兴民俗博物馆	绍兴市越城区都昌坊口 9 号
绍兴博物馆	绍兴市延安路 59 号
绍兴鲁迅纪念馆	绍兴市都昌坊口 18 号
秋瑾故居	绍兴市和畅堂 18 号
蔡元培故居	绍兴市笔飞弄 13—17 号

馆　　名	地　　址
嵊县越剧博物馆	嵊县城关镇百步阶 8 号
太平天国侍王府纪念馆	金华市酒坊巷 53—2 号
武义县博物馆	武义县武阳镇熟漠南路 4 号
衢州市博物馆	衢州市柯城区新桥街 142 号
舟山博物馆	舟山市定海区昌国路 98 号
四明山革命纪念馆	余姚市梁弄镇横坎头村
河姆渡遗址博物馆	余姚市河姆渡镇
王国维故居	海宁市盐官镇西门周家兜
海宁市博物馆	海宁市硖石镇西山南麓
陈元龙故居	海宁市盐官镇小东门直街西端
瑞安市文物馆	瑞安市道院前街 5 号
江山市博物馆	江山市江城北路 17 号
义乌市博物馆	义乌市稠城镇湖心桥 16 号
吴晗故居	义乌市吴店镇苦竹塘村
溪口博物馆	奉化市溪口镇武岭门外侧
平湖市博物馆	平湖市城关镇南河头 5 号
平湖莫氏庄园陈列馆	平湖市城关镇南河头 12 号
上虞越瓷陈列室	上虞市曹娥庙后殿
解放壹江山岛纪念馆	椒江市枫山北小山上
戚继光纪念馆	椒江市东山西南戚继光路 100 号
天台县博物馆	天台县城关赤城路 188 号
临海市博物馆	临海市城关东湖路 26 号
黄岩市博物馆	黄岩市城关学前巷
丽水市博物馆	丽水市天后宫
龙泉市博物馆	龙泉市龙渊镇公园路九姑山
松阳县博物馆	松阳县西屏镇中弄 12 号

安徽省

包公祠	合肥市芜湖路包河公园内
包孝肃公墓园	合肥市芜湖路包河公园内
安徽省博物馆	合肥市安庆路 268 号
安徽省地质博物馆	合肥市芜湖路 47 号

馆　　名	地　　址
渡江战役总前委旧址陈列馆	肥东县撮镇瑶岗村
淮南市博物馆	淮南市田家庵区信宜路
淮北市博物馆	淮北市相山公园显通寺内
淮海战役总前委旧址纪念馆	濉溪县临涣镇文昌宫
王稼祥纪念园	芜湖市狮子山十一中学校园内
蚌埠市博物馆	蚌埠市胜利中路 79 号
三国朱然墓文物陈列馆	马鞍山市雨水区朱然路
马鞍山市博物馆	马鞍山市花山区解放路 6 号
李白纪念馆	马鞍山市采石矶风景名胜区内
林散之艺术馆	马鞍山市采石矶公园内
安庆市博物馆	安庆市沿江东路 150 号
桐城县博物馆	桐城县城关镇和平路广场北端
黄山市博物馆	黄山市屯溪区徽山路 24 号
黄山博物馆	黄山风景区慈光寺内
潜口民宅博物馆	黄山市徽州区潜口村
陶行知纪念馆	歙县城内小北街 8 号
黄宾虹故居纪念馆	歙县郑村乡潭渡村
戴震纪念馆	黄山市屯溪区隆阜中街
程大信故居陈列馆	黄山市屯溪区前园渠东 5 号
歙县博物馆	歙县解放街 131—5 号
吴敬梓纪念馆	全椒县城西襄河北岸敬梓路
萧西博物馆	萧县城关民治街 68 号孔庙内
宣州市博物馆	宣州市府山路 3 号
新四军军部旧址纪念馆	皖南泾县云岭乡
九华山历史文物馆	九华山九华街"化城寺"内
皖西博物馆	六安市人民路 42 号
寿县博物馆	寿县城关东大寺巷 48 号
金寨县革命博物馆	金寨县城梅山红村
"四·九"起义纪念馆	阜阳县邵营乡五官村
阜阳博物馆	阜阳市清河东路
华佗纪念馆	亳州市城内东北隅永安街

238

馆　　名	地　　址
亳州市博物馆	亳州市老城北咸宁街 1 号
临泉县博物馆	临泉县城鲖阳路 372 号

福建省

馆　　名	地　　址
林则徐纪念馆	福州市鼓楼区澳门路 90 号
福州马江海战纪念馆	福州市马尾区昭忠路 1 号
福州市博物馆	福州市于山大士殿
福州辛亥革命纪念馆	福州市鼓楼区杨桥东路 17 号
福建省地矿局地质陈列馆	福州市塔头街 19 号
福建省博物馆	福州市西湖公园内
二七烈士林祥谦陵园	闽侯县祥谦乡枕峰山
林白水烈士陵园	闽侯县青口乡青圃村
厦门市郑成功纪念馆	厦门市鼓浪屿永春路 73 号
厦门大学人类博物馆	厦门市思明南路厦门大学内
陈嘉庚纪念馆	厦门市集美学村归来堂
厦门华侨博物馆	厦门市思明南路 493 号
林巧稚大夫纪念馆	厦门市鼓浪屿
厦门博物馆	厦门市鼓浪屿八卦楼
同安县博物馆	同安县大同镇南门内孔庙
三明市博物馆	三明市列西街 1 号
福建省区域地质调查队陈列馆	三明市富兴路
明溪县博物馆	明溪县解放路 57 号
宁化县博物馆	宁化县翠江镇北大街 68 号
沙县博物馆	沙县东文庙路 118 号
尤溪县博物馆	尤溪县城关水南公山之麓
莆田县博物馆	莆田市城关文献路 42 号
仙游县博物馆	仙游县鲤城镇公园路 69 号
泉州市博物馆	泉州市中山路洋官内泉州府文庙
泉州海外交通史博物馆	泉州市东湖旅游文化区内
泉州市闽台关系史博物馆	泉州市天后宫
漳州市博物馆	漳州市中山公园仰文楼
龙海市博物馆	龙海市石码镇九二〇路 114 号

馆 名	地 址
黄道周纪念馆	漳浦县城东郊
漳浦县博物馆	漳浦县旧县衙
东山县黄道周纪念馆	东山县铜陵镇风动石风景区
东山县博物馆	东山县铜陵镇公园街
平和暴动纪念馆	平和县长乐乡联三村
永安市博物馆	永安市大同路 46 号
晋江市博物馆	晋江市内曾井小区
李纲纪念馆	邵武市李纲路
邵武市民俗博物馆	邵武市五四路道佳巷 3 号
邵武市博物馆	邵武市新建路 6 号
闽北革命历史纪念馆	武夷山市列宁公园内
闽东畲族博物馆	宁德市建新路 1 号
宁德市博物馆	宁德市蕉南街道福山路 56 号
闽东革命纪念馆	福安市新华街
闽东畲族革命纪念馆	福安市甲杯山
龙岩市博物馆	龙岩市和平路 32 号新邱厝内
闽西革命历史博物馆	龙岩市虎岭山北环西路 51 号
漳平市博物馆	漳平市菁城镇观音亭
长汀县博物馆	长汀县城关西门兆征路 41 号
武平县博物馆	武平县平川镇教育路政协巷 14 号
才溪乡调查纪念馆	上杭县才溪乡下才村
古田会议纪念馆	上杭县古田镇
上杭县博物馆	上杭县临江路 52 号
永定县博物馆	永定县城关九一一大街
林白水纪念馆	闽侯县青圃乡
黄乃棠纪念馆	闽清县大都乡
郑和史迹陈列馆	长乐县吴航镇塔山公园内
将东县博物馆	将东县胜利街电信巷 6 号
大田县博物馆	大田县城关文山路 7 号
建宁县革命纪念馆	建宁县溪口街 49 号
泰宁县博物馆	泰宁县城关大东门街府堂巷

馆 名	地 址
莆田市博物馆	莆田市城厢区北河边路东岳殿
蔡襄纪念馆	莆田县灵川乡东沙村
郑樵纪念馆	莆田县白沙乡
蔡襄纪念馆	泉州市洛阳桥文管所内
惠安县博物馆	惠安县螺城镇城隍口 5 号
安溪县博物馆	安溪县凤城镇文庙
南安县郑成功纪念馆	南安县石井镇
晋江陈埭回族史迹陈列馆	晋江县陈埭镇
晋江陈埭陈紫峰纪念馆	晋江县陈埭镇
晋江磁灶陶瓷陈列馆	晋江县磁灶镇
晋江衙口施琅陈列馆	晋江县衙口乡
德化县陶瓷博物馆	德化县川东街 1 号
毛主席率领红军攻克漳州纪念馆	漳州市胜利路 110 号
南平市博物馆	南平市新华路文化馆大楼六楼
建瓯县博物馆	建瓯县全长路 155 号
闽北革命纪念馆	崇安县城关烈士公园内
崇安县自然博物馆	崇安县城东路 71 号
连城新泉革命纪念馆	连城县新泉乡新泉村
长泰县博物馆	长泰县武安镇陶然园内
平和县博物馆	平和县城内
建阳县博物馆	建阳县城关上水南
顺昌县博物馆	顺昌县双溪镇中山中路 135 号
云霄县博物馆	云霄县城内
三明正顺庙	三明市梅列区列西街 1 号

江西省

馆 名	地 址
八大山人纪念馆	南昌市青云谱道观内
江西中医学院医史陈列馆	南昌市阳明路 20 号
江西地质博物馆	南昌市站前路 56 号
江西省博物馆	南昌市八一大道 89—95 号
南昌八一起义纪念馆	南昌市中山路 256 号
豫章民俗博物馆	南昌市子固路 95 号

241

馆　名	地　址
南昌新四军军部旧址陈列馆	南昌市友竹花园 7—8 号
南昌市博物馆	南昌市八一大道中段
南昌县博物馆	南昌县莲塘镇五一路
景德镇陶瓷历史博物馆	景德镇市西市区枫树山风景区
安源路矿工人运动纪念馆	萍乡市安源镇
萍乡市博物馆	萍乡市城关区凤凰街
莲花一枝枪纪念馆	莲花县城解放街 148 号
罗坊会议纪念馆	新余市渝水区罗坊镇彭家洲村
分宜县博物馆	分宜县分宜镇钤阳东路
九江市博物馆	九江市浔阳东路 16 号
白鹿洞书院	九江市庐山东南五老峰下
庐山博物馆	九江市庐山芦林 1 号
工农革命军第一军第一师师部旧址	修水县凤凰山路 60 号
秋收起义修水纪念馆	修水县凤凰山路 58 号
黄庭坚纪念馆	修水县南山崖南崖路 23 号
德安县博物馆	德安县蒲亭镇义峰山路 111 号
都昌县博物馆	都昌县鄱湖南山风景区
东平市博物馆	东平市西大街 77 号
上饶市博物馆	上饶市新建路 4 号
德兴市博物馆	德兴市朝阳路 54 号
波阳县博物馆	波阳县鄱阳镇建设路南
余干县博物馆	余干县中山大街 60 号
横峰县博物馆	横峰县岑阳镇解放西路 13 号
弋阳县博物馆	弋阳县孔庙内
万年县博物馆	万年县陈营镇人民广场
万载湘鄂赣革命纪念馆	万载县康乐镇宝塔南路 157 号
上高县博物馆	上高县敖阳镇和平路 58 号
高安市博物馆	高安市筠阳镇筠泉路 1 号
宜丰县博物馆	宜丰县古南园
宋应星纪念馆	奉新县狮山大道
王安石纪念馆	抚州赣东大道 135 号

馆　　名	地　　址
曾巩纪念馆	南丰县解放路河东街 21 号
乐安县博物馆	乐安县敖溪镇广场路 38 号
南城县博物馆	南城县建国路 39 号
吉安市博物馆	吉安市老城区中永叔路 80 号
井冈山革命博物馆	井冈山市茨坪镇红军南路
文天祥纪念馆	吉安县庐陵大道
永丰县博物馆	永丰县恩江镇
湘赣革命纪念馆	永新县禾川镇盛家坪路 14 号
峡江县博物馆	峡江县巴丘镇横街 129 号
遂川县博物馆	遂川县名邦街 8 号
井冈山会师纪念馆	宁冈县龙市镇龙江路 53 号
赣州地区博物馆·赣南中华客家博物馆	赣州红旗大道 80 号
赣州市博物馆	赣州城西北隅田螺岭 15 号
赣州地质学校地质陈列馆	赣州市红旗大道
石城县博物馆	石城县观下乡仙源村宝福院
安远县博物馆	安远县城西门外塔下
宁都起义纪念馆	宁都县梅江路 27 号
宁都县博物馆	宁都县中山路 144 号
寻乌县革命历史纪念馆	寻乌县长宁镇马蹄岗中山路
兴国革命纪念馆	兴国县潋江镇背街
于都县博物馆	于都县城交通巷 5 号
瑞金革命纪念馆	瑞金市象湖镇双清桥巷 3 号
会昌博物馆	会昌县湘江镇南街东邹坪 3 号
新建县博物馆	新建县长凌镇解放路
乐平县博物馆	乐平县乐平镇西大街 77 号
新余市博物馆	新余市东街虎瞰山上
陶渊明纪念馆	九江县沙河街渊明路
瑞昌县博物馆	瑞昌县交通路 3 号
鹰潭市博物馆	鹰潭市影剧院后院
贵溪县文物陈列室	贵溪县雄石镇雄石大道 30 号
上饶县博物馆	上饶县旭日镇

243

馆　　名	地　　址
婺源县博物馆	婺源县紫阳镇儒学街
铅山县博物馆	铅山县河口镇复兴街
玉山县博物馆	玉山县冰溪镇新建路
宜春市博物馆	宜春市中山路中路
樟树市博物馆	樟树市广场 33 号
丰城市博物馆	丰城市东方红大街 312 号
秋收起义铜鼓纪念馆	铜鼓县城定江路
靖安县博物馆	靖安县城内
抚州地区文博所汤显祖纪念馆	抚州市赣东大道 8 号
抚州市博物馆	抚州市赣东大街
南丰县博物馆	南丰县解放路河东 21 号
广昌县博物馆	广昌县盱江镇建设路
黎川县博物馆	黎川县城内
吉安县博物馆	吉安县敦厚镇
临川市文物陈列室	临川市上顿渡镇建设路 63 号
新干县博物馆	新干县金川镇滨阳路 3 号
吉水县博物馆	吉水县中文峰路 19 号
万安县文物陈列室	万安县芙蓉镇建国路
赣县博物馆	赣县梅岭大街 34 号
南康县博物馆	南康县蓉江镇西内街富安巷
龙南县博物馆	龙南县龙南镇红旗大道
大余县博物馆	大余县南安镇胜利路 46 号
赣粤边三军游击战争纪念馆	信丰县嘉定镇长生街新屋里
清江县博物馆	清江县樟树镇鹿江南路
“二七”会议纪念馆	吉安县文陂乡汉陂村
宜春地区博物馆	宜春市化成岩路 16 号
第二次反“围剿”陈列馆	吉安县东固镇东固街
泰和县博物馆	泰和县文化馆院内
东乡县博物馆	东乡县交通路 124 号

山东省

山东石刻艺术博物馆	济南市青年东路 6 号

馆　名	地　址
山东省地质博物馆	济南市历山路 74 号
山东省博物馆	济南市历下区经十一路 14 号
中国共产党山东省党史陈列馆	济南市共青团路 3 号
山东省科技馆	济南市杆南东街 8 号
李清照纪念堂	济南市趵突泉前街 91 号
李苦禅纪念馆	济南市趵突泉路 185 号
辛弃疾纪念祠	济南市明湖路 271 号
济南市博物馆	济南市经十一路 30 号
济南革命烈士陵园陈列室	济南市英雄山路 18 号
康有为故居	青岛市福山支路 5 号
青岛海洋科技馆	青岛市鱼山路 2 号
青岛市博物馆	青岛市鱼山路 37 号
青岛市科技馆	青岛市中山路 1 号
青岛海产博物馆	青岛市莱阳路 2 号
海军博物馆	青岛市莱阳路 8 号
淄博市博物馆	淄博市张店区中心路 102 号
王士禛纪念馆	桓台县新城镇
枣庄市博物馆	枣庄市市中区龙庭北路
广饶县博物馆	广饶县城县府西路 3 号
潍坊风筝博物馆	潍坊市潍城区行政街 66 号
潍坊市博物馆	潍坊市胡家牌坊街 49 号
山东省山旺古生物化石博物馆	临朐县山旺路 80 号
安丘市博物馆	安丘市一马路
寿光县博物馆	寿光县古建街
烟台市博物馆	烟台市毓岚街 2 号
烟台美术博物馆	烟台市海岸路 20 号
海阳县博物馆	海阳县海东路中段 53 号
中国甲午战争博物馆	威海市刘公岛
济宁市博物馆	济宁市古槐路大街
泰山石文化陈列馆	泰安市红门宫
泰安市科技馆	泰安市朝阳街 7 号岱庙院内

馆　　名	地　　址
泰安市博物馆	泰安市东岳大街东段岱庙内
莒县博物馆	莒县青年路南端
青州市博物馆	青州市范公亭西路 2 号
新泰博物馆	新泰市府前街
胶州市博物馆	胶州市兰州东路 99 号
莱州市博物馆	莱州市府前西街 6 号
滕州市博物馆	滕州市西门里街 35 号
天福山起义纪念馆	文登市天福山镇
即墨市博物馆	即墨市即墨镇中山街 145 号
平度市博物馆	平度市市区中心红旗路 91 号
胶南市博物馆	胶南市人民路 78 号
章丘市博物馆	章丘市明水镇双泉路
临沂市博物馆	临沂市沂川路中段 51 号
沂水县博物馆	沂水县城县府前街 64 号
聊城地区博物馆	聊城市东关古运河西岸
临清市博物馆	临清市鳌头矶
长清县博物馆	长清县城关镇文庙大成殿
齐国故城遗址博物馆	淄博市临淄区齐都镇
淄博美术琉璃博物馆	淄博市博山区
蒲松龄纪念馆	淄博市博山镇洪山镇蒲家庄
淄博市科技馆	淄博市内
博山陶瓷博物馆	淄博市博山区泉水路 26 号
牟氏庄园陈列馆	栖霞县古镇都村山城七路 17 号
长岛县博物馆	长岛县庙岛
李白纪念馆	济宁市太白楼
兖州县博物馆	兖州县建设路 12 号
"冯玉祥在泰山"文物陈列室	泰安市红门普照寺
龙口市博物馆	龙口市黄城镇北巷街
诸城市博物馆	诸城市大华路
银雀山汉墓竹简博物馆	临沂市沂蒙路中段
莒南县博物馆	莒南县天桥路

館 名	地 址
菏泽地区博物馆	菏泽市东方红大道
日照市博物馆	日照市正阳路
汶上县博物馆	汶上县汶河中路 15 号
莱城市文物馆	莱城市堰头镇南山路
德州市文博院	德州市北陵路北首

河南省

打虎亭汉墓	密县绥水南岸打虎亭村
郑州市二七革命纪念馆	郑州市二七广场
郑州市大河村遗址博物馆	郑州市金水区柳林乡
郑州地质学校地质陈列馆	郑州市中原西路 31 号
郑州市博物馆	郑州市建设东路 31 号
黄河博物馆	郑州市紫荆山路 4 号
郑州商城	郑州市区东部郑州商城遗址
河南中医学院医史陈列馆	郑州市金水路东段
河南省科技馆	郑州市花园路 53 号
河南地质博物馆	郑州市中原区互助路 25 号
河南博物馆	郑州市农业路 8 号
中国天文博物馆	登封县告城镇北左阳城遗址
中岳庙	登封县太皇山南麓
少林寺	登封县五乳峰下
嵩阳书院	登封县嵩山南麓
开封山陕甘会馆	开封市市中心徐府街 105 号
开封市博物馆	开封市包公湖中路 12 号
开封市革命烈士事迹陈列馆	开封市东郊百塔村
宋代蜡像馆	开封市龙亭公园内
延庆观	开封市观前街东段
河南大学文物馆	开封市明伦街
祐圆寺塔	开封市北门大街铁塔公园内
大松园寺	开封市自由路 54 号
禹王台	开封市繁塔东街禹王台公园内
繁塔	开封市繁塔街

馆　　名	地　　址
焦裕禄纪念馆	兰考县焦裕禄烈士陵园内
龙门石窟	洛阳市龙门
白马寺	洛阳市白马寺镇
洛阳石刻艺术馆	洛阳市关林庙内
洛阳古墓博物馆	洛阳市北郊邙山乡冢头村东
洛阳民俗博物馆	洛阳市瀍河区新街南端
洛阳都城博物馆	洛阳市宝鼎南路东侧周公庙内
洛阳博物馆	洛阳市中州中路 298 号
八路军驻洛办事处纪念馆	洛阳市老城区贴廓巷 35 号
偃师商城博物馆	偃师市商城路 116 号
千唐志斋博物馆	洛阳市新安县铁门镇
郏县"三苏"纪念馆	郏县茨芭乡苏坟寺村东南隅
焦作市博物馆	焦作市人民公园路
鹤壁市博物馆	鹤壁市长风路 16 号
浚县博物馆	浚县浮丘山碧霞宫内
河南省生物标本陈列馆	新乡市建设东路河南师范大学
新乡市博物馆	新乡市引黄西路 78 号
潞简五墓	新乡市凤凰山南麓
封丘县博物馆	封丘县东大街 62 号城隍庙内
安阳市民间艺术博物馆	安阳市鼓楼东街 6 号
安阳市博物馆	安阳市北郊太平庄北侧袁林
安阳殷墟	安阳市西小屯村
岳飞纪念馆	汤阴县岳庙街 86 号
濮阳市博物馆	濮阳市昆吾路南段
许昌市博物馆	许昌市文峰路中段东侧
郾城县许慎纪念馆	郾城县许慎路
舞阳县博物馆	舞阳县城西大街
三门峡博物馆	三门峡市西郊陕州黄河风景区
三门峡市虢国车马坑博物馆	三门峡市湖滨车站
幽谷关	灵宝县坡头乡五朵村
渑池八路军兵站纪念馆	三门峡市渑池县东关小寨村

248

馆　　名	地　　址
风穴寺	汝州市骑岭乡黄庄村风穴山中
汝州市汝瓷博物馆	汝州市望嵩中路 31 号
卫辉市博物馆	卫辉市西门大街 17 号
比干庙	卫辉市顿坊店乡
辉县市博物馆	辉县市西北百泉湖畔
朱载堉纪念馆	沁阳市北寺街中段
沁阳市博物馆	沁阳市覃怀东路塔寺
巩县石窟	巩义市河渡乡寺湾村
宋陵	巩义市芝田乡蔡庄
杜甫故里和杜甫陵园	巩义市站街南窑湾村
康百万庄园	巩义市洛河西岸康店村
商丘博物馆	商丘市凯旋中路 183 号
淮海战役陈官庄地区歼灭战烈士陵园	永城县陈官庄乡陈官庄村
周口市民俗博物馆	周口市富强街 111 号
淮阳县博物馆	淮阳县蔡河北岸
吉鸿昌将军纪念馆	扶沟县县城东南烈士陵园内
扶沟县博物馆	扶沟县城关镇书院街大程书院
鹿邑县博物馆	鹿邑县城内老看台
项城县博物馆	项城县水寨镇南大街 4 号
杨靖宇故居纪念馆	确山县古城乡李湾村
确山县竹沟革命纪念馆	确山县竹沟镇延安街
中共中央鄂豫皖分局及省委旧址	新县县城中原路 17 号
鄂豫皖苏区首府革命博物馆	信阳地区新县城关
张仲景医史文献馆	南阳市医圣祠街 7 号
南阳汉画馆	南阳市卧龙路附 22 号
南阳市博物馆	南阳市卧龙路 21 号
彭雪枫纪念馆	镇平县城建设路东段 9 号
内乡县县衙博物馆	内乡县城东大街
新野县汉画砖博物馆	新野县解放路 92 号
社旗县博物馆	社旗县永庆街 54 号
武陟县博物馆	武陟县千佛阁

249

馆　　名	地　　址
商丘地区科技路	商丘市新建南路
张衡纪念馆	南阳市张衡墓
淅川县博物馆	淅川县城关镇解放路 123 号
方城县博物馆	方城县城关镇
新乡县博物馆	新乡县小异镇北街广场
济源市博物馆	济源市西荆梁大街
夏邑县博物馆	夏邑县城内
鄢陵县博物馆	鄢陵县西大街
邓州博物馆	邓州市前进街
南诏县博物馆	南诏县城关镇人民街 334 号

湖北省

八七会议会址纪念馆	武汉市汉口鄱阳街 139 号
八路军武汉办事处旧址纪念馆	武汉市汉口长春街 57 号
中国地质大学(武汉)博物馆	武汉市武昌喻家山
中南民族学院民族学博物馆	武汉市洪山区民院路 5 号
毛泽东同志主办的中央农民运动讲习所旧址	武汉市武昌红巷 13 号
辛亥革命武昌起义纪念馆	武汉市武昌武珞路 1 号
国民政府旧址纪念馆	武汉市江汉区中山大道 702 号
陈潭秋纪念馆	武汉市武昌都府堤 20 号
武汉二七纪念馆	武汉市汉口解放大道 1589 号
武汉市博物馆	武汉市红巷 13 号
武汉市科技馆	武汉市汉口黄埔路罗家庄
京汉铁路总工会旧址	武汉市解放大道 1437 号
武昌毛泽东旧居纪念馆	武汉市武昌都府堤 41 号
武昌起义门旧址	武汉市武昌区起义街特 1 号
湖北省科技馆	武汉市武昌区洪山路
湖北地质博物馆	武汉市汉口解放大道 342 号
湖北省博物馆	武汉市武昌区东湖路 88 号
铜绿山古铜所遗址博物馆	黄石市大冶县铜绿山镇
黄石市博物馆	黄石市沈家营博物馆路 25 号
黄石市科技馆	黄石市玄里路口

馆　　　名	地　　　址
大冶县博物馆	大冶县城关新街
南漳县博物馆	南漳县城关镇徐庶路 5 号
襄樊市博物馆	襄樊市襄城区南街 156 号
地质矿产部宜昌地质矿产研究所陈列馆	宜昌市港察路 21 号
宜昌黄陵庙	宜昌县三斗坪镇黄陵庙村
荆门市博物馆	荆门市象山大道北端
鄂州市博物馆	鄂州市杨子江畔西山风景区内
随州市洛阳九口堰五师旧址纪念馆	随州市洛阳镇九口堰孙家大湾
随州市博物馆	随州市沿河大道
枣阳市博物馆	枣阳市大南街
枝城杨守敬纪念馆	枝城市陆城新街 133 号
当阳市博物馆	当阳市西北郊关陵庙
安陆李白纪念馆	安陆市河西小区
广水市博物馆	广水市东正街 24 号
白果树湾纪念馆	大悟县芳畈镇白果树湾村
大悟县宣化店纪念馆	大悟县宣化镇河西
大悟县博物馆	大悟县城关河东广场后巷 2 号
鄂豫边区革命烈士纪念馆	大悟县城关镇
麻城市革命博物馆	麻城市牛坡山烈士陵园内
武穴市博物馆	武穴市武穴办事处民主路 13 号
东坡赤壁	黄州市汉川门外公园路 16 号
黄州市李四光纪念馆	黄州市体育北路北端
红安县革命博物馆	红安县城关陵园大道
黄麻起义和鄂豫皖苏区革命烈士纪念馆	红安县城关陵园大道
董必武纪念馆	红安县城关镇陵园大道 1 号
浠水县博物馆	浠水县清泉镇新华正街 10 号
闻一多纪念馆	浠水县城内
李时珍纪念馆	蕲春县蕲州镇
龙港革命历史纪念馆	阳新县龙港镇新街西侧
阳新县博物馆	阳新县兴国镇陵园路 20 号
阳新第八乡苏维埃旧址	阳新县洋港镇朱湾村

馆　　名	地　　址
李自成陵墓	通山县高湖乡牛迹岭下
通山县博物馆	通山县通羊镇圣庙巷 6 号
天门市博物馆	天门市竟陵城区西寺路
陆羽纪念馆	天门市竟陵城区西寺路
洪湖革命历史博物馆	洪湖市新隄玉沙路 35 号
洪湖瞿家湾革命纪念馆	洪湖市沙口区瞿家湾
洪湖湘鄂西苏区革命烈士纪念馆	洪湖市城关沿江路 26 号
潜江市博物馆	潜江市园林镇章华大道
钟祥市博物馆	钟祥县郢中镇元佑宫路 48 号
钟祥显陵	钟祥县郢中镇纯德山
江汉石油学院博物馆	荆州南环路 1 号
荆州博物馆	江陵荆中路 186 号
京山县博物馆	京山县新市镇文峰西路 6 号
周老嘴革命纪念馆	监利县周老嘴镇老正街中段
监利博物馆	监利县容城镇沿江路西端
丹江口市博物馆	丹江口市金岗山路 38 号
郧县博物馆	郧县城关镇郧阳路南 39 号
房县博物馆	房县城关镇顺城街 92 号
鹤峰县博物馆	鹤峰县容美镇陵园路 10 号
谷城县博物馆	谷城县承恩寺内
宜城县博物馆	宜城县城关镇北街 8 号
沙市市博物馆	沙市市江汉南路江渎宫
老河口市博物馆	老河口市中山公园南路
孝感地区博物馆	孝感市文化路文化大楼内
应城市博物馆	应城市城中区文化馆院内
安陆市博物馆	安陆市河西太白公园内
云梦县博物馆	云梦县城关镇城南小区文化路
黄冈地区博物馆	黄冈黄州东坡赤壁
黄冈县博物馆	黄冈县黄州体育路
黄梅县博物馆	黄梅县黄梅镇北街 31 号
英山县博物馆	英山县温泉镇

馆　　名	地　　址
咸宁地区博物馆	咸宁市温泉办事处石棚路
咸宁市博物馆	咸宁市永安南门桥洞外
蒲圻市博物馆	蒲圻市赤壁
崇阳县博物馆	崇阳县天城镇民主路
通城县博物馆	通城县解放路 10 号
江陵县博物馆	荆州荆北路
仙桃市博物馆	仙桃市交通路 191 号
石首市博物馆	石首市建设路 18 号
公安县博物馆	公安县荆江河路
松滋县博物馆	松滋县新江口镇民主路
宜昌博物馆	宜昌市白云坡云集路
枝城市博物馆	枝城市西正街 82 号
屈原纪念馆	秭归县城东郊向家坪
王昭君纪念馆	兴山县高阳镇昭君村
来凤县民族博物馆	鄂西自治州来凤县东和平路
枝江县博物馆	枝江县团结路 22 号
长阳土家族自治县博物馆	长阳土家族自治县龙舟坪镇
郧阳博物馆	十堰市椰林路 39 号
武当山文物珍品陈列馆	丹江口市武当山风景区老营口
鄂西土家族苗族自治州博物馆	恩施市凤凰山
巴东县博物馆	巴东县信陵路
咸丰县民族博物馆	咸丰县高乐山镇
汉阳县博物馆	汉阳县蔡甸镇新街
嘉鱼县博物馆	嘉鱼县图书馆四楼
宣恩县民族博物馆	宣恩县民族街 9 号

湖南省

八路军驻湘通讯处旧址	长沙市蔡锷路徐祠巷 17 号
长沙市青少年宫科技馆	长沙市中山路 112 号大院内
长沙市博物馆	长沙市八一路 126 号
中共湘区委员会旧址陈列馆	长沙市八一路 126 号
中南工业大学地质博物馆	长沙市中南工业大学

253

馆　　名	地　　址
中南工业大学矿冶科技史陈列馆	长沙市中南工业大学
中南工业大学校史陈列馆	长沙市中南工业大学
毛泽东同志青年时期革命活动陈列馆	长沙市南区书院路 260 号
地洼学说陈列馆	长沙市河西桐梓坡
自修大学旧址	长沙市中山路 6 号
针灸陈列馆	长沙市东塘湖南中医学院内
岳麓书院	长沙市岳麓山下
湖南图画馆	长沙市展览馆路 6 号
湖南美术馆	长沙市展览馆路 6 号
湖南省地质博物馆	长沙市芙蓉中路 200 号
湖南省科技馆	长沙市展览馆路 6 号
湖南省博物馆	长沙市东风路 3 号
湖南烈士公园纪念塔	长沙市烈士公园内
湖南陶瓷馆	长沙市展览馆路 6 号
新民学会成立会旧址台子	长沙市河西溁湾镇新民路周家
杨开慧故居	长沙县开慧乡开慧村
陶公庙	长沙县㮾黎镇临湘路
徐特立故居	长沙县五美乡美新村观音塘
黄云故居	长沙县黄云镇杨托村
雷锋纪念馆	望城县雷锋镇
刘少奇纪念馆	宁乡县花明楼炭子冲
何叔衡故居	宁乡县沙田乡长冲村枸子冲
谢觉哉同志故居	宁乡县沙田乡堆资村南馥冲
浏阳县博物馆	浏阳县城关镇圭斋路 72 号
秋收起义文家市会师纪念馆	浏阳市文家市镇人民路 33 号
谭嗣同纪念馆	浏阳县城关镇才常路 40 号
工农红军在鄮县革命活动纪念馆	鄮县新市街洣泉书院
炎帝陵	鄮县塘田乡鹿原馆
茶陵县革命纪念馆	茶陵县烈士陵园内
攸县博物馆	攸县城关镇中街珍珠巷附 8 号
齐白石纪念馆	湘潭市白马湖畔

馆　　名	地　　址
湘潭市博物馆	湘潭市平政路 392 号
彭德怀故居	湘潭县乌石乡乌石村
南岳博物馆	衡阳市南岳区南岳大庙内
湘南学联纪念馆	衡阳市江东区粤汉马路 1 号
衡阳市科技馆	衡阳市迎宾路 6 号
衡阳市博物馆	衡阳市岳屏公园内
王船山故居—湘西草堂	衡阳县曲兰乡湘西村
欧阳海纪念馆	衡东县新塘镇
罗荣桓故居	衡东县荣恒乡
衡山农民运动纪念馆	衡山县湘江街康王庙
岳阳市博物馆	岳阳市岳东路 50 号
岳阳楼	岳阳市洞庭北路 75 号
湘阴县博物馆	湘阴县城关镇弼时街
平江起义纪念馆	平江县天岳书院
常德博物馆	常德市武陵大道中路
澧县博物馆	澧县城西区古城东路 149 号
林伯渠故居	临澧县修梅镇凉水井村
临澧县博物馆	临澧县城关镇朝阳街
桃花源	桃源县桃花镇桃花村
石门县博物馆	石门县文庙内
永定区博物馆	大庸市解放路 15 号
八大公山自然博物馆	大庸市桑植县和平西路
贺龙故居	桑植县洪家关白族乡洪家关村
毛泽东同志考察湖南农民运动醴陵纪念馆	醴陵市东正街 33 号
李立三同志故居	醴陵市阳三石福建围
醴陵市博物馆	醴陵市东正街 33 号
湘乡市博物馆	湘乡市城区东风路
黄公略故居	湘乡市桂花乡朝阳村高木冲
蔡伦纪念馆	耒阳市蔡侯祠内
任弼时同志故居	汨罗市弼时镇
屈原纪念馆	汨罗市玉笥山屈子祠内

馆　　名	地　　址
韶山毛泽东同志纪念馆	韶山市韶山乡韶山村
郴州地区科学馆	郴州市人民西路 8 号
湖南暴动纪念馆	宜章县城关镇起念巷 1 号
安仁县博物馆	安仁县城关镇四清路 32 号
工农红军在桂东革命活动纪念馆	桂东县城关镇红军路 11 号
柳宗元纪念馆	永州市古城柳子街
罗盛教纪念馆	新化县城关镇城南街李家岭 21 号
蔡和森同志纪念馆	双峰县永丰镇复兴路
怀化博物馆	怀化市迎丰中路 56 号
粟裕同志纪念馆	会同县粟裕公园
会同县博物馆	会同县粟裕公园
沅陵县博物馆	沅陵县龙兴讲寺
芙蓉楼	黔阳县黔城镇西门外
向警予同志纪念馆	溆浦县卢峰镇解放街
抗日战争胜利受降纪念馆	芷江县七里桥
芷江博物馆	芷江县江西街天后宫
滕代远纪念馆	麻阳县城富州路 5 号
益阳地区博物馆	益阳市桃花仑康复北路
洞庭湖博物馆	沅江市中心琼湖西岸
益阳县博物馆	益阳县赫山镇人民路
湘西土家族苗族自治州博物馆	吉首市环城路张家冲
湘西民俗风光馆	湘西永顺县城南之王村古镇
湘鄂川黔边革命根据地纪念馆	永顺县塔卧镇
溪州土家族民俗博物馆	永顺县不二门园林公园内
湖南省烟花爆竹博物馆	浏阳县文庙
株洲市博物馆	株洲市南区沿江路纪念地
李立三故居	醴陵市火车站对面
炎陵县博物馆、纪念馆	炎陵县洣泉书院
郴州地区科技馆	郴州市人民西路 8 号
麻阳县博物馆	麻阳县高村镇友谊东路
沅江市博物馆	沅江市琼湖镇

馆　　名	地　　址
沅江市科技馆	沅江市琼湖镇景星寺街
临湘县博物馆	临湘县城关镇路中南路
洪江市博物馆	洪江市

广东省

馆　　名	地　　址
广东民间工艺馆	广州市中山七路恩龙里 34 号
广东地质博物馆	广州市东风东路 739 号
广东革命历史博物馆	广州市陵园西路烈士陵园内
广东省博物馆	广州市文明路 215 号
广东科学馆	广州市建新路 171 号
广州美术馆	广州市越秀山公园内
广州起义纪念馆	广州起义路 200 号
广州博物馆	广州市越秀山镇海楼
广州鲁迅纪念馆	广州市文明路 215 号
中华全国总工会旧址纪念馆	广州市越秀南路 89 号
广州市黄花岗起义旧址纪念馆	广州市黄花岗
中国共产党广东区委员会旧址纪念馆	广州市文明路 194－200 号
毛泽东同志主办农民运动讲习所旧址纪念馆	广州市中山四路 42 号
西汉南越王墓博物馆	广州市解放北路 867 号
陈树人纪念馆	广州市署前路
黄埔军校旧址纪念馆	广州市黄埔长洲岛
廖仲恺何香凝纪念馆	广州市海珠区东沙街 24 号
三元里人民抗英斗争纪念馆	广州市三元里
洪秀全纪念馆	花县市新华镇新华路 52 号
增城县博物馆	增城县荔城镇凤凰山
深圳博物馆	深圳市深南中路同心路口
珠海市博物馆	珠海市九洲大道"S"楼三楼
澄海市博物馆	澄海市澄城镇人民公园
南澳县海防史博物馆	南澳门前江湾畔
潮阳市博物馆	潮阳市棉城镇文光塔后
仁化县博物馆	仁化县仁化镇仁桥北路
南雄县博物馆	南雄县雄州镇永康路 38 号

馆　　名	地　　址
始兴县博物馆	始兴县太平镇低坝
马坝人博物馆	曲江县马坝镇狮子岩北麓
龙川县博物馆	龙川县老隆镇先烈路 29 号
叶剑英元帅纪念馆	梅县雁洋圩镇东北角
梅县博物馆	梅州市文保路 1 号
大埔县博物馆	大埔县湖寮镇文化路 14 号
丰顺县华侨纪念馆	丰顺县汤坑镇东山路 1 号
丰顺县博物馆	丰顺县汤坑镇东山路 157 号
五华县博物馆	五华县水寨镇文化路 26 号
平远县博物馆	平远县大柘镇双企岌
惠州市博物馆	惠州市中山公园内
邓演达故居纪念馆	惠州市三栋镇鹿颈村
惠东县博物馆	惠东县平山镇广汕路
叶挺纪念馆	惠阳县淡水镇叶挺东路
博罗县博物馆	博罗县罗阳镇广场 7 号
海丰红宫红场旧址纪念馆	海丰县海城镇人民南路 13 号
海丰县博物馆	海丰县海城镇人民南路 48 号
鸦片战争博物馆虎门林则徐纪念馆	东莞市虎门镇口村
东莞市博物馆	东莞市城公园内
中山市博物馆	中山市石岐镇孙文中路 197 号
孙中山故居纪念馆	中山市翠亨村
江门市博物馆（陈白沙先生纪念馆）	江门市白沙仁贤里 32 号
江门市科学馆	江门市港口路 68 号
开平华侨博物馆	开平县三埠镇长沙公园内
恩平市博物馆	恩平市恩城镇鳌峰山
铁夫画阁	鹤山县雅瑶镇陈山村
鹤山市博物馆	鹤山市城沙坪镇人民东路 45 号
佛山市博物馆	佛山市祖庙路 21 号
高明县博物馆	高明县高明镇沿江路
阳春市博物馆	阳春市春城镇
湛江市博物馆	湛江市赤坎区南方路 50 号

馆　名	地　址
贯生书院	徐闻县徐城镇南门塘畔
雷州市博物馆	雷州市雷城镇三元塔公园内
遂溪县博物馆	遂溪县逐城镇湛川路六巷 3 号
茂名市博物馆	茂名市河东人民北路
高州县博物馆	高州县文明路
叶挺独立团团部旧址纪念馆	肇庆市江滨东路阅江楼
肇庆市博物馆	肇庆市端州区西江路梅庵
高要县博物馆	肇庆市端州区正东路 42 号
广宁县博物馆	广宁县南街镇环城西路
罗定市博物馆	罗定市罗城镇沿江一路 16 号
德庆县博物馆	德庆县德城镇朝阳西路 26 号
郁南县博物馆	郁南县都城镇河堤东路 21 号
黄岩洞陈列馆	封开县渔涝镇河儿口狮子山
封开县博物馆	封开县江口镇建设路四巷 30 号
英德市博物馆	英德市旧城南山
佛冈县博物馆	佛冈县确镇公园北街 4 号
广东连山壮族瑶族自治县民族博物馆	连山县吉田镇广山公园内
韩愈纪念馆	潮州市桥东韩文公祠
潮州市博物馆	潮州市海阳县儒学宫
揭阳市博物馆	揭阳市榕城区韩祠路 7 号
揭西县博物馆	揭西县河婆镇文化广场北部
惠来县博物馆	惠来县惠城镇葵阳公园内
顺德市博物馆	顺德市大良镇县西路
台山市博物馆	台山市台城环北大道诗山
台山市科技馆	台山市台城镇石化路
新会市博物馆	新会县公园路 12 号（新会学宫）
清远市博物馆	清远市清远镇下濠基
连南县博物馆	连南县三江镇
韶关市博物馆	韶关市风采路 32 号
曲江县博物馆	曲江县马坝狮子巷
翁源县博物馆	翁源县龙仙镇文化局院内

259

馆　　名	地　　址
乐昌县博物馆	乐昌县石角镇
阳山县博物馆	阳山县阳城镇
廉江县博物馆	廉江县廉城镇文化路 2 号
连县博物馆	连县连州镇
三水县博物馆	三水县西南镇
乳源瑶族自治县博物馆	乳源县乳城镇鹰峰二路
汕头市博物馆	汕头市中山公园内
饶平县博物馆	饶平县黄岗镇
普宁县博物馆	普宁县流沙河镇新河东 1 号
南海县博物馆	南海县西樵山蟠龙洞
康有为故居	南海县丹灶镇苏村
海康县博物馆	海康县三元公园内
徐闻县博物馆	徐闻县徐城镇 120 号
化州县博物馆	化州县化州镇民主路 72 号
信宜县博物馆	信宜县信城镇人民路 8 号
电白县博物馆	电白县水东镇
惠阳县博物馆	惠阳县淡水镇
和平县博物馆	和平县阳明镇
河源县源城区博物馆	河源县城关镇塔下
紫金县博物馆	紫金县紫城镇东风路 24 号
连平县博物馆	连平县元善镇
梅州市博物馆	梅州市文保路金山顶 1 号
蕉岭县博物馆	蕉岭县蕉城镇
丰顺县博物馆	丰顺县汤坑镇大山背
兴宁县博物馆	兴宁县兴城镇中山南路
云浮县博物馆	云浮县云城镇文化大楼三楼
四合县博物馆	四合县四会镇朝阳街 5 号
周恩来同志革命活动旧址	揭阳县榕城镇韩祠路
怀集县博物馆	怀集县怀城镇环城东路
新丰县博物馆	新丰县丰城镇
陆丰县博物馆	陆丰县东风区马街 187 号

馆　　名	地　　址
海南省	
海南省博物馆	海口市海秀大道 58 号
海口市博物馆	海口市海府大道 169 号
定安县博物馆	定安县跃进路
东坡书院	儋州市中和镇东郊
陵水黎族自治县博物馆	陵水县陵城镇中山东路
海口市海瑞墓	海口市秀英区滨涯村
李硕勋纪念亭	海口市海府大道勋亭路
海南省民族博物馆	通什市河北区
琼山县博物馆	琼山县府城镇中山路
临高县博物馆	临高县临高镇
琼海县博物馆	琼海县嘉和镇
昌江黎族自治县博物馆	昌江黎族自治县石碌镇
文昌县博物馆	文昌县文城文东路 71 号
三亚市博物馆	三亚市
白沙称族自治县博物馆	白沙黎族自治县牙叉镇
广西壮族自治区	
广西地质博物馆	南宁市建政路 1 号
广西壮族自治区自然博物馆	南宁市人民公园白龙湖塘东侧
广西壮族自治区博物馆	南宁市民族大道 34 号
广西壮族自治区科技馆	南宁市民族大道
广西药用植物园	南宁市东郊邕宾馆路 1－1 号
广西烈士纪念馆	南宁市邕宾路广西烈士陵园内
柳州市博物馆	柳州市五一路 6 号
柳州白莲洞洞穴科学博物馆	柳州市柳石路 472 号
八路军桂林办事处纪念馆	桂林市中山北路 96 号
中国岩溶地质馆	桂林市七星路 40 号
矿产地质研究院地质陈列馆	桂林市三星店
中国岩溶地质馆	桂林市七星路 40 号
李宗仁文物陈列馆	桂林市文明路 16 号

261

馆　　名	地　　址
桂海碑林石刻陈列馆	桂林市龙隐路龙隐岩
桂林博物馆	桂林市西山路西山公园内
甑皮岩洞穴遗址陈列馆	桂林市独山西南麓
徐悲鸿故居陈列馆	阳朔县阳朔镇县前街 15 号
梧州市博物馆	梧州市大中路 102 号
合浦县博物馆	合浦县廉州镇中山路
中国红军第八军革命纪念馆	龙州县城关新街
忻城县土司博物馆	忻城县城关镇西宁街 3 号
融水苗族自治县民族博物馆	融水县融水镇朝阳西路
兴安县博物馆	兴安县兴安镇三台路
贺县博物馆	贺县八步镇体育路 50 号
玉林市博物馆	玉林市环城路 245 号
桂平县博物馆	桂平县桂平镇人民路城西街 42 号
李明瑞、俞作豫烈士纪念馆	北流县城区田螺岭
北流市博物馆	北流市陵城镇铜州东路 80 号
容县博物馆	容县容城镇东外街 37 号
钦州市博物馆	钦州市钦州镇扳桂街 10 号
灵山县博物馆	灵山县灵城镇人民路 6 号
浦北县博物馆	浦北县小江镇解放北路
右江革命文物馆	百色市解放街 39 号
中国红军第七军、第八军会师旧址纪念馆	东业街三东街 292 号
靖西县壮族博物馆	靖西县中山公园西北面外侧
右江革命纪念馆	田东县平马镇经正书院
那坡县博物馆	那坡县龙泉街 69 号
东兰烈士陵园	东兰县城西更闹坡
东兰县革命纪念馆	东兰县陵园街 1 号
广西农民运动讲习所旧址	东兰县武篆镇巴学村拉甲山上
中共红七军前委旧址	东兰县武篆镇人民政府北侧
北海市水产馆	北海市茶停路海滨公园内
凭祥市博物馆	凭祥市北大路
都安瑶族自治县民族博物馆	都安瑶族自治县镇安街 5 号

馆　　名	地　　址
防城各族自治县博物馆	防城各族自治县防城镇人民路
凌云县民族博物馆	凌云县泗城百花村水源洞左侧
平果县博物馆	平果县马头镇平新街
乐业县博物馆	乐业县三更街 292 号
武宣县博物馆	武宣县文化局内
上思县博物馆	上思县思阳镇东靖路
西林县博物馆	西林县文化大院内
田阳县博物馆	田阳县田州镇兴华街
平南县博物馆	平南县公园路燕子岭街

四川省

馆名	地址
龙泉驿区博物馆	成都市龙泉驿区洛带镇燃灯寺
四川大学博物馆	成都市九眼桥四川大学校内
四川省博物馆	成都市人民南路四段 3 号
西南民族学院民族博物馆	成都市南郊西南民族学院内
成都永陵博物馆	成都市抚琴东路 5 号
成都中医学院医史博物馆	成都市十二桥街 37 号
成都市博物馆	成都市东风路一段 23 号
成都地质学院博物馆	成都二仙桥东三路 1 号
成都武侯祠博物馆	成都市武侯祠大街 231 号
成都杜甫草堂博物馆	成都市新西门外
彭家珍大将军专祠	成都市城厢镇家珍公园
郫县博物馆	成都市郫县郫筒镇望丛祠内
宝光寺	成都市新都县宝光街
杨升庵博物馆	新都县桂湖镇桂湖中路 52 号
大邑刘氏庄园陈列馆	大邑县安仁镇
自贡市盐业历史博物馆	自贡市自流井区解放路 107 号
自贡恐龙博物馆	自贡市大山铺
中国工农红军四渡赤水太平渡陈列馆	古蔺县太平渡（镇）长征街
红军长征过叙永革命文物陈列馆	叙永县镇南大街 4 号
德阳市博物馆	德阳市南街文庙巷 11 号
黄继光纪念馆	中江县东山乡魁山村

馆　　名	地　　址
遂宁市博物馆	遂宁市中区天上街 15 号
陈毅故居文物陈列馆	乐至县劳动乡旧居村
东山市崖墓博物馆	乐山市麻浩崖墓群中
郭沫若旧居博物馆	乐山市沙湾沫水街中段
四川夹江手工造纸博物馆	乐山市夹江县千佛岩
李白纪念馆	江油市文风新村昌明河畔
聂荣臻故居	江津市吴滩乡祁家村
宜宾博物馆	宜宾市城区西北隅真武山庙群
竹海博物馆	长宁县蜀南竹海风景名胜区内
文佳山民俗博物馆	江安县文佳山乡
邓小平故居	广安县协兴镇牌坊村
朱德同志故居纪念馆	仪陇县马鞍镇西陲
张思德同志纪念馆	仪陇县
南江县博物馆	南江县南江镇西门沟 65 号
川陕革命根据地博物馆	巴中市南龛路 20 号
刘伯坚烈士纪念碑	平昌县江阳公园内
红四方面军总指挥部旧址纪念馆	通江县文庙内
蒙山茶史博物馆	名山县西乡蒙山顶上
芦山县博物馆	芦山县城南街汉姜侯祠内
卧龙自然保护区标本陈列馆	汶川县卧龙自然保护区管理局
茂县羌族博物馆	茂县凤仪镇
都江堰市博物馆	都江堰市内
泸州市博物馆	泸州市商场二街报恩塔
绵阳市博物馆	绵阳市西山观
广汉三星堆博物馆	广汉市三星堆
内江市糖业历史博物馆	内江市内
资中县博物馆	资中县资中公园路 18 号
峨眉山博物馆	峨眉山报国寺凤凰包
眉山三苏祠博物馆	眉山市城西南隅之三苏祠
赵一曼纪念馆	宜宾市郊翠屏山"翠屏书院"内
竹海博物馆	长宁县内

馆　　名	地　　址
南充地区科技馆	南充市浴江路
川陕革命根据地万源保卫战战史陈列馆	万源县驮山公园左侧
严道古城遗址博物馆	荣经县内
甘孜藏族自治州博物馆	康定县西大街
凉山彝族奴隶社会博物馆	西昌市泸山小寺坪
吴玉章故居	荣县金台乡蔡佳堰
雕塑艺术博物馆	彭山县凤鸣镇

重庆市

馆　　名	地　　址
大厦国皇帝明玉珍墓陈列馆	重庆市江北区江北城洗市塘街
重庆自然博物馆	重庆市中区枇杷山上
西南师范大学历史博物馆	重庆市北碚区天生街
红岩革命纪念馆	重庆市红岩村 52 号
钓鱼城历史文物陈列馆	重庆市合川钓鱼城内
重庆市博物馆	重庆市枇杷山正街 72 号
歌乐山烈士陵园管理处	重庆市沙坪坝区烈士墓
重庆大足石刻艺术博物馆	大足县龙岗镇北山中路 7 号
邱少云烈士纪念馆	铜梁县巴川镇民主路 64 号
潼南杨闇公陈列馆	潼南县双江镇正北街
三峡博物馆	万州区清泉乡清堰村袁家墩
刘伯承同志纪念馆	开县东枕清江
刘伯承同志故居	开县赵家镇周都村
万县地区博物馆	万州区袁家墩 47 - 1 号
万县地区科技馆	万州区白岩支路 2 号
白帝城博物馆	奉节县白帝城

贵州省

馆　　名	地　　址
中国科学院地球化学研究所陈列馆	贵阳市观水路 73 号
甲秀楼文物陈列馆	贵阳市南明河
贵州地质博物馆	贵阳市北路 72 号
贵州省博物馆	贵阳市北京路 51 号
贵阳地下党省工委旧址陈列馆	贵阳市文笔街 10 号

馆　　名	地　　址
遵义会议纪念馆	遵义市老城子平路 87 号
贵州酒文化博物馆	遵义市中华南路 178 号
黎庶昌故居陈列室	遵义县新舟镇禹门村
湄潭文庙浙大西迁历史文物陈列室	湄潭县义泉镇文庙内
铜仁周逸群故居	铜仁市城关镇共同路 13 号
铜仁傩文化博物馆	铜仁市共同路东山寺内
乌江博物馆	思南县唐镇文化街府文庙内
石阡万寿宫文物陈列室	石阡县汤山镇平街 336 号
石阡红二、六军团总指挥部旧址文物陈列室	石阡县汤山镇长征北路
红二、六军团木黄会师纪念馆	印江土家族苗族自治县木黄镇
毕节地区博物馆	毕节县城关镇百花路 19 号
毕节贵州抗日救国军司令部旧址文物陈列室	毕节县城关镇和平路 74 号
大方川滇黔省革命委员会旧址文物陈列室	大方县城关镇文星街福音堂内
大方彝文碑陈列室	大方县城关镇中街 37 号
奢香博物馆	大方县城北隅奢香墓地院内
安顺地区博物馆	安顺市礼堂路 17 号
安顺蔡宫地戏博物馆	安顺市龙宫镇蔡宫村朝阳寺内
王若飞烈士故居	安顺市中华北路 216 号
贵州蜡染文化博物馆	安顺市前进路
平坝天台山民族戏剧博物馆	平坝县天龙镇天台山伍龙寺内
息烽集中营旧址文物陈列室	息烽县阳朗坝息烽集中营旧址
修文阳明洞文物陈列室	修文县城东隅龙岗山阳明洞
贵州民族婚俗博物馆	兴义市下五屯"刘氏庄园"内
安龙十八先生墓文物陈列室	安龙县城关镇十八先生墓祠内
黔东南州博物馆	凯里市韶山南路
龙大道烈士故居	锦屏县城东北清水江畔迁
中共镇远支部旧址陈列室	镇远县㵲阳镇卫城西门街
镇远青龙洞民族建筑博物馆	镇远县城东青龙洞古建筑群内
镇远"和平村"文物陈列室	镇远县㵲阳镇和平街 150 号
贵州刺绣博物馆	黔东南苗族侗族自治州台江县
飞云崖民族节日博物馆	黄平县飞云崖

266

馆　　名	地　　　址
上部德苗族村寨博物馆	凯里市苗岭腹地
黎平会议会址文物陈列室	黎平县德凤镇二廊坡路 52 号
岑巩县文物陈列室	岑巩县思旸镇禹王宫内
黔南布依族苗族自治州博物馆	都匀市民族路
邓恩铭烈士故居	荔波县玉屏镇向阳路 21 号
福泉古城屯堡博物馆	福泉县城厢镇

云南省

"一二·一"运动纪念馆	昆明市环城北路 58 号
云南省地质博物馆	昆明市白塔路 33 号
云南省科技宫	昆明市翠微西路 1 号
云南省博物馆	昆明市五一路 2 号
昆明市升庵祠(含徐霞客纪念馆)	昆明市西山区高峣镇
昆明市博物馆	昆明市拓东路 120 号
昆明地质学校陈列馆	昆明市北郊中马村
昆明市官渡区博物馆	昆明市关上民航路口
兰茂纪念馆	嵩明县杨林镇南街
郑和纪念馆	晋宁县昆阳镇月山山麓北坡
扎西纪念馆	威信县扎西镇东北隅
红军长征柯渡纪念馆	寻甸回族彝族自治县柯渡镇
保山市博物馆	保山市保岫路太保山玉皇阁内
艾思奇故居	腾冲县和顺乡水碓村
腾冲"国殇墓园"	腾冲县小团坡
丽江纳西族自治县博物馆	丽江县玉泉公园
文山壮族苗族自治州博物馆	文山州文山县开化镇文华路
富宁革命纪念馆	富宁县团结街 102 号
个旧市博物馆	个旧市宝华路 1 号
元谋人陈列馆	元谋县县城中心
姚安县博物馆	姚安县栋川镇德丰寺内
大理市博物馆	大理市大理复兴路 111 号
大理白族自治州博物馆	大理市洱河南路
昭通市博物馆	昭通市文化馆内

267

馆　名	地　址
孟连傣族拉祜族佤族自治县民族历史博物馆	孟连自治县娜允镇
孟连傣族拉祜族佤族自治县宣抚司博物馆	孟连自治县娜允镇
泸水县尾马抗英纪念馆	泸水县内
李振源故居	腾冲县城关区
恐龙陈列馆	禄丰县金山区新大街

西藏自治区

大昭寺	拉萨市中心
布达拉宫	拉萨市玛市日山上
罗布林卡	拉萨市西部
扎什伦布寺	日喀则市
江孜抗英纪念馆	江孜县宗山抗英遗址

陕西省

八路军西安办事处纪念馆	西安市北新街七贤庄
中国有色金属矿产地质陈列馆	西安市雁塔路中段 24 号
陕西省科技馆	西安市新城广场
西安半坡博物馆	西安市东郊半坡路
西安市唐代艺术博物馆	西安市大雁塔东侧雁引路 1 号
西安地质学院博物馆	西安市雁塔路 6 号
西安事变纪念馆	西安市建国路甲字 69 号
西安碑林博物馆	西安市三学街 15 号
西安中国书法艺术博物馆	西安市南门城楼
陕西历史博物馆	西安市小寨东路 91 号
陕西地质博物馆	西安市雁塔路 70 号
陕西省西安植物园	西安市翠华南路 5 号
护国兴教寺	长安县杜曲乡
水陆庵壁塑博物馆	蓝田县王顺山下
户县钟楼文物陈列馆	户县县城中心
草堂寺	产县圭峰山下
临潼县博物馆	临潼县华清池
唐华清宫御汤遗址博物馆	临潼县华清池

馆 名	地 址
秦始皇兵马俑博物馆	西安市临潼县秦陵镇
铜川耀州窑博物馆	铜川市黄堡镇
药王山博物馆	耀县药王山
耀县博物馆	耀县北大街学古巷
周原博物馆	宝鸡市扶风县法门镇召陈村
宝鸡青铜器博物馆	宝鸡市公园南路西侧
宝鸡县博物馆	宝鸡县城西门口
五丈原诸葛亮庙博物馆	岐山县五丈原镇
岐山县博物馆	岐山县城北大街
凤翔县博物馆	凤翔县东湖内
扶风县博物馆	扶风县东大街原城隍庙内
法门寺博物馆	扶风县法门寺
陇县图书博物馆	陇县西大街 3 - 2 号
麟游县博物馆	麟游县唐九成宫遗址上
陕西医史博物馆	咸阳市秦都区渭阳路 1 号
咸阳博物馆	咸阳市渭城区中山街 53 号
昭陵博物馆	礼泉县烟霞乡
泾阳县博物馆	泾阳县泾于镇文庙街
三原县博物馆	三原县东大街
茂陵博物馆	六平县茂陵
长武县博物馆	长武县东街昭仁寺
乾陵博物馆	乾县乾陵乡西金村
唐家民俗博物馆	旬邑县唐家村
旬邑县博物馆	旬邑县泰塔路西段
昆虫博物馆	武功县(西北农业大学院内)
红石峡	榆林市城北
镇北台	榆林市城北
绥德县博物馆	绥德县名州镇进士巷 13 号
李自成纪念馆	米脂县盘龙山南麓李自成行宫
杨家沟革命纪念馆	米脂县杨家乡
延安市宝塔山	延安市宝塔山上

馆　　名	地　　址
延安清凉新闻出版革命纪念馆	延安市清凉山
延安革命纪念馆	延安市王家坪
陕甘宁边区银行纪念馆	延安市南关市场沟
延安地区科技馆	延安市大街十字口
洛川民俗博物馆	洛川县凤楼镇北关
洛川县博物馆	洛川县城关镇
洛川会议纪念馆	洛川县永乡乡冯家村
子长瓦窑堡革命旧址纪念馆	子长县瓦窑堡镇
子长革命烈士纪念馆	子长县齐家湾坪
甘泉县博物馆	甘泉县中心街文化区 154 号
志丹县革命纪念馆	志丹县炮接山下
吴旗革命纪念馆	吴旗县城中街新窑院
韩城市博物馆	韩城市金城区学巷东端
杨虎城将军纪念馆	蒲城县东槐院巷 29 号
蒲城县博物馆	蒲城县城内正街
渭华起义纪念馆	华县高塘镇
商州市博物馆	商州市东背街 70 号
洛南县博物馆	洛南县中铺街文庙内
丹凤县博物馆	丹凤县船邦会馆
安康地区博物馆	安康市南郊段家沟口
旬阳县博物馆	旬阳县龚家梁
汉中市博物馆	汉中市汉台巷 1 号
川陕革命根据地南郑纪念馆	南郑县南湖风景区内
勉县博物馆	勉县温泉区武侯墓
渭南市博物馆	渭南市东风大街
洋县博物馆	洋县城关镇
长武县博物馆	长武县城内东街昭仁寺
合阳县博物馆	合阳县东街
山阳县博物馆	山阳县城关镇
杜甫纪念馆	长安县文化街 10 号
旬阳县红军烈士纪念馆	旬阳县双河区

270

馆　　名	地　　址
甘肃省	
兰州市博物馆	兰州市城关区庆阳路 110 号
兰州八路军办事处旧址纪念馆	兰州市酒泉路 157 号
兰州地震博物馆	兰州市近郊
兰州科学宫	兰州市庆阳路 22 号
甘肃地质博物馆	兰州市红星巷 168 号
甘肃省博物馆	兰州市七里河区西津西路 3 号
金川科技馆	金昌市北京路
靖远县博物馆	靖远县城广场
会宁会师纪念馆	会宁县城西关
会宁县博物馆	会宁县城三军会师纪念塔旁
天水市博物馆	天水市秦城区西关伏羲庙内
嘉峪关市新城魏晋砖壁画博物馆	嘉峪关市新城乡中沟村
嘉峪关长城博物馆	嘉峪关市新华南路
榜罗镇革命文物陈列室	通渭县榜罗乡文化站院内
临洮县博物馆	临洮县岳麓山公园内
平凉地区博物馆	平凉市东部宝塔院内
平凉市博物馆	平凉市东大街 106 号
灵台县博物馆	灵台县北街 7 号
泾川县博物馆	泾川县王母宫石窟寺院内
庆阳地区博物馆	西峰市大什字口
庆阳县博物馆	庆阳县城南街钟楼巷
南梁革命纪念馆	华池县南梁乡荔园堡
宁县博物馆	宁县辑宁路 12 号
正宁县博物馆	正宁县城南街
武威地区博物馆	武威市北关西路 25 号
武威市博物馆	武威市建国街 43 号
民勤县博物馆	民勤县南大街 8 号
张掖市博物馆	张掖市民主西街大佛寺巷
民乐县博物馆	民乐县县府东街
山丹县博物馆	山丹县文化街 3 号

271

馆　　名	地　　址
酒泉市博物馆	酒泉市东大街公园路 56 号
敦煌民俗博物馆	敦煌月牙泉风景区
安西县博物馆	安西县府街 55 号
甘南藏族自治州博物馆	甘南藏族自治州首府合作镇
临夏回族自治州博物馆	临夏市红园体育场西侧
临夏回族自治州科学宫	临夏红园路
定西地区博物馆	定西县城关镇
静宁县博物馆	静宁县城关镇
庄浪县博物馆	庄浪县水洛镇南巷 28 号
西峰市博物馆	西峰市东大街
镇原县博物馆	镇原县城关镇
敦煌市博物馆	敦煌市沙州镇东大街
榆中县博物馆	榆中县城内
秦安县博物馆	秦安县兴口镇新华街
金塔县博物馆	金塔县城内
古浪县博物馆	古浪县城内
崇信县博物馆	崇信县团结路 12 号
清水县博物馆	清水县永清镇
玉门市博物馆	玉门市内
华亭县博物馆	华亭县东华门镇正街

青海省

中国工农红军西路军纪念馆	西宁市南川东路
青海地质博物馆	西宁市五四大街 38 号付 3 号
青海省博物馆	西宁市共和路 198 号
湟中县博物馆	湟中县鲁沙子镇和平路 3 号
湟源县博物馆	湟源县城关镇人民西街 4 号
民和回族土族自治县博物馆	民和县川口镇新城乡 10 – 47 号
海南藏族自治州民族博物馆	海南州共和县恰卜恰镇长风路
同德县博物馆	同德县西大街 2 号
海西蒙古族藏族自治州民族博物馆	海西州德令哈市

馆 名	地 址
宁夏回族自治区	
宁夏回族自治区博物馆	银川市进宁街 2 号
宁夏回族自治区科技馆	银川市西门西环北路
盐池县博物馆	盐池县城关镇烈士塔街 45 号
中卫县博物馆	中卫县西大街广场西侧
固原博物馆	固原县西城路 14 号
须弥山石窟	固原县须弥山石窟
新疆维吾尔自治区	
八路军驻新疆办事处纪念馆	乌鲁木齐市胜利路二巷 1 号
乌鲁木齐市博物馆	乌鲁木齐市前进路 15 号
新疆地质矿产陈列馆	乌鲁木齐市友好北路 16 号
新疆维吾尔自治区科技馆	乌鲁木齐市新医路 7 号
新疆维吾尔自治区博物馆	乌鲁木齐西北路 132 号
乌鲁木齐市革命烈士陵园	乌鲁木齐市南郊燕尔窝风景区
吐鲁番地区博物馆	吐鲁番市中心高昌路
哈密地区博物馆	哈密市广场南路
林基路烈士纪念馆	库本县老城西端
巴音郭楞蒙古自治州博物馆	库尔勒市人民广场
博尔塔拉蒙古自治州博物馆	博乐市青得里大街 109 号
木垒哈萨克民族博物馆	木垒县人民北路
霍城县博物馆	霍城县水定镇朝阳北路
石河子市科技馆	石河子市北三路
和静县博物馆	和静县城内
台湾省	
台北市天文台	台北市中山路四段 5 号
台北市美术馆	台北市中山北路三段 181 号
台北故宫博物馆	台北市士林外双溪至善路二段
台湾历史博物馆	台北市南海路 49 号
台湾邮政博物馆	台北市重庆南路二段 45 号

馆　　名	地　　址
台湾科学教育馆	台北市南海路 41 号
顺益台湾原住民博物馆	台北市民权路
高雄市史迹文物馆	高雄市鼓山区莲海路 18 号侧
台湾自然科学博物馆	台中市馆前路 1 号
台南市民族文物馆	台南市开山路 152 号
台湾糖业博物馆	台南市生产路 54 号
九族文化村	南投县鱼池乡大林村金天巷
金门民俗文化村	金门县金河镇后山

香港特别行政区

茶具文物馆	香港中环红棉路香港公园内
香港大学冯平山博物馆	香港上环般含道 94 号
香港太空馆	九龙尖沙咀梳士巴利道 10 号
香港艺术馆	九龙尖沙咀梳士巴利道 10 号
香港中文大学文物馆	香港新界沙田中文大学内
香港李郑屋汉墓博物馆	香港九龙深水埗东京街 41 号
香港罗屋民俗博物馆	香港柴湾吉胜街 14 号
香港科学馆	九龙尖沙咀东部科学馆道 2 号
香港铁路博物馆	香港新界大埔墟安富道
香港海洋公园	香港港岛南区南朗山
香港博物馆	九龙尖沙咀海防道九龙公园
徐氏艺术馆	香港中环德铺道中国银行大厦

澳门地区

贾梅士博物馆	澳门白鸽巢前地 13 号
澳门孙中山纪念馆	澳门文弟街 1 号
澳门海事博物馆	澳门马阁街妈阁庙附近

서문문고 목록

001~303
◆ 번호 1의 단위는 국학
◆ 번호 홀수는 명저
◆ 번호 짝수는 문학

001 한국회화소사 / 이동주
002 황야의 늑대 / 헤세
003 고독한 산책자의 몽상 / 루소
004 멋진 신세계 / 헉슬리
005 20세기의 의미 / 보울딩
006 가난한 사람들 / 도스토예프스키
007 실존철학이란 무엇인가 / 볼노브
008 주홍글씨 / 호돈
009 영문학사 / 에반스
010 쯔바이크 단편집 / 쯔바이크
011 한국 사상사 / 박종홍
012 플로베르 단편집 / 플로베르
013 엘리어트 문학론 / 엘리어트
014 모음 단편집 / 서머셋 모음
015 몽테뉴수상록 / 몽테뉴
016 헤밍웨이 단편집 / E. 헤밍웨이
017 나의 세계관 /아인스타인
018 춘희 / 뒤마피스
019 불교의 진리 / 버트
020 뷔뷔 드 몽빠르나스 /루이 필립
021 한국의 신화 / 이어령
022 몰리에르 희곡집 / 몰리에르
023 새로운 사회 / 카아
024 체호프 단편집 / 체호프
025 서구의 정신 / 시그프리드
026 대학 시절 / 슈토름
027 태초에 행동이 있었다 / 모로아
028 젊은 미망인 / 쉬니츨러
029 미국 문학사 / 스필러
030 타이스 / 아나톨프랑스
031 한국의 민담 / 임동권
032 모파상 단편집 / 모파상
033 은자의 황혼 / 페스탈로치

034 토마스만 단편집 / 토마스만
035 독서술 / 에밀파게
036 보물섬 / 스티븐슨
037 일본제국 흥망사 / 라이샤워
038 카프카 단편집 / 카프카
039 이십세기 철학 / 화이트
040 지성과 사랑 / 헤세
041 한국 장신구사 / 황호근
042 영혼의 푸른 상흔 / 사강
043 러셀과의 대화 / 러셀
044 사랑의 풍토 / 모로아
045 문학의 이해 / 이상섭
046 스탕달 단편집 / 스탕달
047 그리스, 로마신화 / 벌핀치
048 육체의 악마 / 라디게
049 베이컨 수상록 / 베이컨
050 미뇽레스코 / 아베프레보
051 한국 속담집 / 한국민속학회
052 정의의 사람들 / A. 까뮈
053 프랭클린 자서전 / 프랭클린
054 투르게네프 단편집 / 투르게네프
055 삼국지 (1) / 김광주 역
056 삼국지 (2) / 김광주 역
057 삼국지 (3) / 김광주 역
058 삼국지 (4) / 김광주 역
059 삼국지 (5) / 김광주 역
060 삼국지 (6) / 김광주 역
061 한국 세시풍속 / 임동권
062 노천명 시집 / 노천명
063 인간의 이모저모 /라 브뤼에르
064 소월 시집 / 김정식
065 서유기 (1) / 우현민 역
066 서유기 (2) / 우현민 역
067 서유기 (3) / 우현민 역
068 서유기 (4) / 우현민 역
069 서유기 (5) / 우현민 역
070 서유기 (6) / 우현민 역
071 한국 고대사회와 그 문화 /이병도
072 피서지에서 생긴일 /슬론 윌슨
073 마하트마 간디전 / 로망롤랑
074 투명인간 / 웰즈